Sininen kortti

1990-luvun laman seurauksena Suomeen syntyi vakava työttömyysongelma. Työttömyys vuosina 1992 - 1997 oli yli 12 prosenttia.

Heta Kurki

Sininen kortti
vuosi 1996

työttömän päiväkirja

Kustantaja: Books on Demand GmbH, Helsinki, Suomi
Valmistaja: Books on Demand GmbH, Norderstedt, Saksa

ISBN: 987-952-286-919-7

1. osa

Työttömyys on taloudellinen, henkinen, sosiaalinen ja entistä useammin terveydellinen ongelma. *(A-P Pietilä)*

tiistaina 21. toukokuuta

Tänään tuli postimyyntipaketti sisältäen muun muassa kesäkassin ja rantapatjan. Yhdet trikoohousut joudun palauttamaan, koska ne ovat liian kauheat jopa minulle. Paketti postikuluineen maksoi 166 markkaa *(27,70 euroa)**. Puliveivasin vähiä rahojani tililtä toiselle ja vein toimeentulotuen jatkohakemuksen sossuun. Jos tulee hankaluuksia ja aletaan kysellä tulojani huhtikuun tai alkuvuoden osalta, antaa olla. Tammikuun hakemukseni, josta valitin, on yhä auki. Miten ihmiselle voidaan tehdä tällaista? No, on tehty paljon muutakin viime vuosina. Ja jätetty tekemättä. Kävin samalla reissulla ruokakaupassa. Ostin kuusi pakettia sekavihanneksia ja keittojuureksia kympillä. Lisäksi vielä reissareita, kokista, kurkkua ja kissanruokaa. Juustoa myytin liian suurina ja kalliina paloina, enkä voinut sitä siten ostaa. Tänään ruokailussamme oli viikonlopun inventaario, söin itse paistettuja perunoita sipulin kanssa ja jälkiruoaksi köyhiä ritareita kuivuneesta ranskiksesta. Poika söi toissapäiväistä makkararisottoa.

(* hinnat muutettu euroiksi vertailun vuoksi)

5

Ilma oli melko lämmin edellisiin päiviin verrattuna. Olin ennen kova auringonottaja, nyt lymyilen sisällä, koska vihaan ryppyjä silmien ja suun ympärillä, ne tuntuvat lisääntyvän aina, kun nenäni ulos pistän. Aurinkolasit olisi hyvä saada, mutta mistä rahat?

Oleilen sisällä ja syön venäläisiä konvehteja, makeanhimo on aina kimpussani. Suklaiset makeiset ovat herkullisia, tykkäänään toisenlaisia kuin Neuvostoliiton aikana. Silloin konvehdeissa oli tunkkainen maku ja niiden pinta oli valkoisen, ikäänkuin homeen peitossa. Ties missä niitä oli säilytetty. Ostin konvehteja eilen Mustamäen torilta puoli kiloa. En paljon muuta pystynyt ostamaankaan, vain Metallican CD-levyn pojalleni. Matkakumppanini Taimi osti silkkibleiserin, jonka hinta markoissa oli 140 *(23,35 euroa)*. Olisin itsekin halunnut sellaisen, mutta minun kohdallani osto jäi haaveeksi. Rahaa meni joka tapauksessa liikaa, mukanani minulla oli 500 markkaa *(83,35 euroa)*, josta tänä aamuna oli jäljellä vain kahdeksankymppiä.

Menomatkalla Tallinnaan laiva oli melko tyhjä, vain noin kaksisataa viisikymmentä matkustajaa, vaikka olisi mahtunut tuhat kaksisataa. Suurin osa matkalaisista oli kaltaisiani viidenkympin hujakoilla olevia naisia. Eläkeläisiä ei ihmeekseni ollut, vaikka väitetään, että he ylläpitävät kaljarallia. Oli outoa, mutta ylellistä, kun ei tarvinnut jonottaa ja sai istuskella väljästi laivalla.

Minulle Tallinna on tärkeä paikka, koska se on niin lähellä ja kuitenkin niin toisenlainen kuin Helsinki. Neuvostoaikana siellä käydessäni tunnelma oli ahdistava ja taivaskin tuntui olevan aina pilvessä. Kommunismiko se roikkui kaupungin yllä paksun mustan pilven lailla varjostaen ihmisten elämää ja pilaten maiseman? Nykyään aurinko paistaa täydellä terällä joka kerta kaupungissa käydessäni. Olen iloinen, että Tallinna on lähellä, merimatkaa sinne on vain noin kahdeksankymmentä kilometriä.

Eilen ajattelin taas kerran, että Taimin kanssa en lähde enää, koskaan, mihinkään. Kuinka ihminen voi olla niin tyhmä vielä yli kuusikymppisenä? Itsekeskeisyyden ja itsekkyyden määrä on suuri, vaikka nainen on kolmen lapsen äiti ja puolen tusinan isoäiti. Alkuvuoden itsekseni taisteltuani olin tullut siihen tulokseen, että kestäisin vielä tämän yhden risteilyn Taimin kanssa, vaikka yksin olisikin helpompi matkustaa. Aamulla ehdin todeta mielessäni, että puheeni mukavien kenkien tarpeellisuudesta matkalla oli mennyt perille, ja että risteilypäivä sujuisi ehkä ilman valitusta. Vielä mitä. Taimin jalkaa alkoi särkeä tällä kertaa nivustaipeesta heti torilta tulon ja ruokailun jälkeen. Siihen kaupungilla kävely sitten jäi ja satamaankin piti mennä taksilla, tosin Viru-hotellin baarin kautta. Jälkeenpäin selvisi, että kivun syynä olivat rouvan omatekemä mahavyö, että näyttäisi hoikemmalta, ja liian ohuet housut. Takaisintullessa, laivasta pois lähtiessä, jalka olikin yllättäen täysin kävelykunnossa.

Mihin minä tarvitsen tuollaista matkatoveria? Olen tehnyt yhden kaukomatkankin Taimin kanssa, sekä käynyt lukemattomilla risteilyillä, ja aina on ollut sama meininki. Valitusta aamusta iltaan, kitsailua rahojen kanssa, ilkeitä kommentteja sekä täydellistä avuttomuutta ja omatoimisuuden puutetta. Kuvaannollisesti nostan hattua Taimin aviomiehelle, joka on moista kumppania jo yli neljäkymmentä vuotta kestänyt. Onhan avuttomuus toisaalta miehen syytäkin, koska hän on hoitanut elatuksen lisäksi kaikki käytännön asiat avioliiton aikana.

AAARGH! Tunnen, kuinka minulle kasvaa myrkkyhampaat, myrkky valuu jo pitkin leukaani. Totuus on, että tässä on ihmissuhde, joka on antanut minulle tuskin mitään hyvää. Yli kaksikymmentä vuotta olen Taimin tuntenut ja koko ajan olen ollut hänelle lähinnä jonkinlainen jätesäkki. Olen kuunnellut kaikki hänen typerät jorinansa, mutta minuna sanomisilleni ei ole korvaa lotkautettu. Kaikkein ilkeimmätkin heitot olen sulattanut. EI. EI. EI enää! En tahdo.

7

Muistissani on hyvin sekin tapaus, kun Taimi myi minulle satasella ulkomailta ostetun "villa"puseronsa, kun en kehdannut tarjouksesta kieltäytyä. Olkasauma oli osittain ratkennut. Seuraavalla viikolla näin samoja puseroita samalla hinnalla, valmistettuna sataprosenttisesta akryylistä, myytävänä paikallisessa halpahallissa.

Väsyttää, tänään, niinkuin joka päivä nykyään. Ostin Tallinnasta rautatabletteja, ehkä virkistyn, kun syön niitä. Ikkunalaudan kukkiin pitäisi vaihtaa mullat, lopultakin. Multapussit ovat seisseet vessan nurkassa jo muutamia viikkoja. En ole ennen ollut näin saamaton. Ehkä olisi syytä mennä mielenterveystoimistoon, jos sinne saisi ajan? Tänään tuli joka tapauksessa kutsu ilmaiseen mammografiakuvaukseen, se on hyvä juttu. Kun vain jaksaisi varata ajan kuvaukseen.. Ilmaisessa Papakokeessa kävin pari viikkoa sitten. On turvallista, kun työttömänkin terveyttä tutkitaan, edes joiltakin osin.

keskiviikkona 22. toukokuuta

Läksin tänään jo ennen kahdeksaa aamulla liikkeelle. Pojan piti ottaa sekä trumpetti että polkupyörä kouluun, joten lähdin mukaan kantamaan trumpettia. Puolenpäivän aikaan soittokapine pitää hakea pois koululta. Aamulla kävin myös ruokkimassa Kissanomistajan (eli kissanaisen) elikot, hänellä on nykyään myös lintuja häkeissä. Kastelin kukatkin muistaessani. Seuraavaksi kävin tuttavieni Johanssonien asunnolla, jonne ei ollut tullut mitään kiireellistä postia. Emännöin nyt kolmea asuntoa kahden viikon ajan. Neljäskin oli tarjolla, mutta sinne hankittiin lopulta toinen kukankastelija. Olen työtön, mutta en toimeton. Kyllähän tekemätöntä työtä maailmasta löytyy, mutta sitä on tehtävä ilmaiseksi.

Kohta on taas lähdettävä kierrokselle. Käyn ruokkimassa kissat ja linnut päivän toisen kerran, jo normaalia aikaisemmin, koska illalla on lenkkisauna, ettei tarvitsisi enää sen jälkeen lähteä minnekään. Ilma on lämmennyt, on suorastaan kuuma. Alkukesä on niin kaunis! Kohta alkavat kielot kukkia. Pitäisi olla ulkona enemmän, mutta kun ulos ei huvita mennä, jos ei ole pakko.

Eilen oli iltapäivälehdessä otsikko, että kaikkien työttömien pitäisi käyttää samanlaista asua. Siinä olisi kyllä ideaa, silloinhan muut näkisivät, miten paljon meitä on. Toisaalta, kuinka monella olisi sisua kulkea ne vaatteet päällä, olisihan se liian leimaavaa. Kirjoitin äsken yhden työpaikkahakemuksen, tällä kertaa ravintola-alalle. Olen päättänyt, että joka päivä kirjoitan yhden hakemuksen, tai teen jotakin muuta työn ja rahan saamiseksi. Kukaan ei taida soittaa, mutta eipähän tule huonojakaan uutisia!

9

torstai 23. toukokuuta

Huonoja uutisia tuli kuitenkin eilen, vaikkei työmarkkinoilta. Entisen vuokra-asuntoni nykyinen vuokralainen ilmoitti sairastuneensa vakavasti asuntoon levinneen homeen takia ja ihmetteli, miksi en ollut kertonut homeesta hänelle? Halusin itse muuttaa pois siitä moniongelmaisesta ympäristöstä muutama vuosi sitten, muista syistä. Vuokranantaja oli velvoittanut minut esittelemään asuntoa kiinnostuneille ilmaiseksi. Minulla oli jo vuokrasopimus toisen vuokra-asuntoyhtiön asuntoon eli nykyiseen asuntooni, joten minulle oli ollut ihan sama, kelpaisiko silloinen asunto kenellekään. Mielestäni en salannut mitään asuntoon liittyviä ongelmia. Eihän minulla ollut henkilökohtaisia intressejä saada asuntoon uusia asukkaita.

Kellarin haju oli kyllä aistittavissa jo minun asuinaikanani, mutta luulin, että se johtui maanläheisestä rivitaloasumisesta. Home oli siinä ympäristössä vähäisin ongelma. Uusi asukas oli asunut kämpässä jo neljä vuotta, vasta nytkö oireet ilmaantuivat? Sattumalta olin kuullut aikaisemmin, että tämä nainen oli ongelmainen, niinkuin kyseinen asuinyhteisökin. Hän oli mielenterveysongelmiensa takia sairauslomalla ja huonossa olossaan intoutui nyt soittamaan minullekin. Kielsin kaikki syytökset.

Kävin illalla lenkkisaunassa tapani mukaan. Siellä ei ollut tällä kertaa ketään muuta. Sauna on aina hyväksi, niin kesällä kuin talvellakin, ja haluan käydä siellä kaksi kertaa viikossa. Suihkuttelut ahtaassa kylppärissä voi siten jättää vähemmälle. Ammekylpyjä olen aina inhonnut, yksinkertaisesti siitä syystä, etten lapsena päässyt niihin tottumaan. Poikani sen sijaan haluaa kylpeä joka ilta ammeessa. Saunan jälkeen join tölkin lonkeroa ja luin lehtiä parvekkeella ilta-auringossa.

Tänä aamuna oli sama homma kuin eilenkin. Lähdin ennen kahdeksaa liikkeelle trumpetin kanssa. Kapine on sen verran painava, että työttömänä ollessani käyn kantamassa sen kouluun ja välillä musiikkiopistoon, jossa pojalla on soitonopetusta kerran viikossa. Tänään on koululla musiikkiluokkien kevätkonsertti illalla. Kävin ruokkimassa eläinhoidokkini, linnuilta olivat siemenet vähissä, joten niitä minun on ostettava lisää. Kissoille keräsin ulkoa heiniä, että ne saavat oksennella karvatuppujaan päivän mittaan. Kissojen omistaja on kieltänyt tuomasta niille heiniä, mutta haluan olla armollinen pitkäkarvaisia, itseään runsaasti nuolevia, hoidokkejani kohtaan. Konsertin jälkeen on vielä käytävä antamassa iltaruoat ja siivottava päivän mittaan tulleet sotkut. Kun tulin aamuaskareilta kotiin, oli niin kova nälkä, että puolikas ranskista meni pippurimeetvurstin ja teen kera vatsaani.

Illalla, konsertin väliajalla, on puffetti, joka tavan mukaan on meidän luokan vanhempien hoidossa, joten minun on mentävä koululle jo viideksi. Sitä ennen pitää leipoa 25 pikkupullaa myyntiin. Ostin puffettia varten myös kahvipaketin ja pänikän mehua. Uunia ei kannata lämmitää yhdenlaisia leivonnaisia varten, joten leivon tänne kotiin vatruskoita riisitäytteellä ja kuivakakun teen kanssa nautittaviksi. Valmistelut ovat jo käynnissä. Voita ja sokeria riittää, koska ostin niitä laivalta. Harmi vain, että unohdin ostaa raesokeria pullien päälle. En ehdi nyt enää lähteä sitä kaupasta hakemaan.

perjantaina 24. toukokuuta

Olen kuolemanväsynyt, en pelkästään väsynyt. Lähdin tänä aamuna jo kello seitsemältä toisessa rapussa sijaitsevaan pesutupaan. Pesin sijauspatjat, veriläiskät eivät lähteneet, ja päiväpeitot. Tällä kertaa sain sain koneen toimimaan, kun tungin sinne tarpeeksi rahaa. Joissakin taloissa on käytössä poletteja, joissakin pesulan käyttö sisältyy vuokraan ja uusissa taloissa ei ole enää pesutupia. Se on kyllä harmi. Yritän Käydä kerran kuussa suurilla koneilla pesemässä ja kuivaamassa pyykit. Eipähän ole jatkuvaa liputusta kylppärissä.

Viikko sitten, kun pesin matot pesutuvan lattialla, en osannutkaan käyttää koneita. Tyhmyyttäni soitin paikalle vielä huoltomiehenkin. Hän opasti minua laittamaan tarpeeksi rahaa aukkoon. Mutta mistä sen voi tietää, milloin kone vaatii rahaa ja milloin se antaa pestä monta koneellista ilmaiseksi, niinkuin joskus on käynyt (onneksi). Ilma on hyvä, joten ripustin pyykit ulos. Illalla ne on muistettava noutaa sisälle. Pyykkäämisen jälkeen piti samantien lähteä hoitoeläimiäni ruokkimaan.

Eilinen konsertti oli hyvä. Rouva Rahvanaista ei konsertissa näkynyt, vaikka hänen tyttärensä olikin orkesterin solistina. Tänä aamuna sen sijaan törmäsin kyseiseen rouvaan, pulleana ja helleasuisena, käydessäni Johanssonien asunnolla ja viedessäni hoitoeläinten asunnon avainta pojalleni. Luokka menee tänään katsomaan Gallen-Kallelan näyttelyä Ateneumiin ja sieltä tullessaan poikani käy ruokkimassa kissat ja linnut.

Sattui niin, että tuttavani Sari soitti äsken ja pyysi minua mukaansa kyseistä näyttelyä katsomaan. Sanoin, ettei tällä kertaa kiinnostanut. Konsertissa oli eilen niin paljon yleisöä, etteivät paikat tahtoneet riittää. Kehuin opettajalle musiikkiluokkien orkesterin kehittyneen erinomaiseksi, ja hän sanoi orkesterin olevan nyt paremman kuin koskaan ennen, ja paremman kuin se koskaan tulee olemaan.

Osa soittajistahan vaihtuu vuosittain, kun toiset siirtyvtä yläasteelle ja uusia pieniä oppilaita tulee tilalle. Enää ei tarvitse muutamaan kuukauteen kuljetella trumpettia, koska konsertti on nyt pidetty ja musiikkiopiston vuositutkinto oli viikko sitten.

Tultuani tänään aamun askareista kotiin, olin tavan mukaan karmean nälissäni. Söin keitettyä riisiä ja tonnikalaa meksikolaisilla lisäkkeillä purkista. Pojalle olin ostanut eineslihaperunasosetta. Pikaruokailua tänään. Nähdäkseni suomalaisten ruokailutottumukset ovat muuttuneet viime vuonna tapahtuneen EU:hun liittymisen jälkeen. Ensimmäisenä työttömyystalvenani kaikki ahmivat banaaneja, ananassäilykkeitä ja purkkitonnikalaa, koska niitä sai halvalla. Nykyisin ainakin banaaneiden hinta on noussut huomattavasti. Osaan kyllä olla ilman niitä. Viime syksynä Pietarissa myytiin keltaisia pöytkylöitä edullisesti kahdella markalla kilo, mutten ostanut silloinkaan. Nyt pitää lähteä hoitamaan raha-asioita eli maksamaan laskuja. Lapsilisä on tullut tänään, toivottavasti .

maanantaina 27. toukokuuta

Eilen oli helluntai, mutta ei ollut heilaa. Tuttavani Sari tosin väitti, että nykyään vappu on se, jolloin on syytä olla heila. No, minullahan oli se 27-vuotias Simo. Ei ole pojasta vapun jälkeen muuta kuulunut, kuin että hän oli käynyt pudottamassa rannekelloni postiluukusta. Mutta, hyvä näinkin, vaikka toilailu toisaalta hävettää. Nyt tuomet ovat kukassa, niinkuin helluntaina pitääkin. Myös monet koristepensaat ja -puut, jotka kukkivatlyhyen ajan toukokuussa, ovat kauneimmillaan. Minulle "se jokin" ylitse muiden on alkukesän poppelien tuoksu! Jos saisin tarpeeksi impata sitä, menisin varmaan sekaisin, se on niin iki-ihana tuoksu. Kun tuntee poppelin tuoksun tietää, että kesä on alkanut.

Kävin eilen viemässä Tiinalle Tallinnasta ostamani tupakkakartongin. Vein myös viimeisen rasiallisen pikkuleipiä, joita poikani piti myydä varojen hankkimiseksi ensi kevään luokkaretkeä varten. Tiinan vauva oli aika ihana ja hyvin kehittynyt. Vain kolmen kuukauden ikäisenä se jo kääntyi vatsalleen. Äiti ja lapsi ovat käyneet jo vauvauinnissakin, joka kuulemma keskeytyy ikävästi kesän ajaksi.

Tänään oli lehdessä entisen työtoverini Tanjan nimitys uuteen tehtävään, lähetin hänelle onnitteluni. Kumma juttu, Tanjan mielestä minä olen meistä kahdesta kunnianhimoisempi. Kuitenkin olen pelkkä nolla. Tanja on minua nuorempi, hänellä työttömyys jäi vain muutaman viikon pituiseksi, jona aikana hän sai sossusta hyvin rahaa, toisin kuin minä. Hän on hidas, mutta perusteellinen työntekijä, jonka yksityiselämä on vähintäänkin arveluttava, mutta sitähän työnantajat eivät tiedä.
Tanja on edennyt urallaan. Hän on samanikäisen pojan yksinhuoltaja kuin minäkin. Pojan isä ei ole suomalainen, mutta rikas, ja on osaltaan avustanut Tanjaa pojan elatuksessa. Nykyään Tanjan poikaystävät edustavat useita etnisiä, jopa seksuaalisia vähemmistöjä. Nykyinen esimerkiksi haluaa pukeutua ja pukeutuukin Tanjan vaatteisiin.

He ovat molemmat pitkiä, vaaleita ja hoikkia.

Nyt on keskityttävä kaikenlaisten paperiasioiden hoitoon. Kissannomistaja on puolen vuoden (pimeällä) työkeikalla Etelä-Euroopassa. Tukien täällä Suomessa pitää pyöriä ja tulla tilille kuitenkin normaalisti. Tyhmyyttäni lupauduin hoitamaan hänen asioitaan, muutenkin kuin eläintenruokinnan osalta. Vastustan kyllä epärehellistä toimintaa, mutta toisaalta, koska olen työtön, koin ikäänkuin velvollisuudekseni auttaa. Hänen tukiasioissaannäyttäisi olevan monenlaista takkua, mutta mistä minä tiedän, kun ei itselläni ole kovinkaan paljoa kokemusta Kelan ja sossun kanssa asioinnista. Jälkimmäisestä on vain negatiivisia kokemuksia. Tammikuun toimeentulohakemuksesta, josta valitin, tuli päätös viime viikolla. Eihän siinä mennyt kuin neljä kuukautta! Rahat, 230 markkaa *(38,35 euroa)* ovat lopultakin tililläni ja suureksi osaksi käytettykin laskujen maksuun.

Trumpetin kanniskeluni osoittautui kannattavaksi, sillä pojalleni on tänäkin vuonna myönnetty musiikkiopiston stipendi. Viime vuonna se oli arvoltaan 250 markkaa (41,70 euroa), nyt luultavasti vähemmän, mutta kannustaahan se joka tapauksessa jatkamaan soittoa. Stipendit jaetaan ensi torstaina konsertin jälkeen konserttisalissa, jonne menemme pojan kanssa. Konsertin ohjelman mukaan siellä esiintyy tuttavani Untin tytär, joka on lahjakas viulisti.

15

tiistaina 28. toukokuuta

Aamulla raivoisin pojalleni. On hänellä etunimikin, mutta yleensä puhun hänestä vain poikana. Eihän minulla muita lapsia ole. Työttömäni ollessani koen itsenikin jonkinlaiseksi nimettömäksi hyypiöksi. Häpeän ja kadun kohtaustani, niinkuin joka kerta. Tämä elämän tapahtumattomuus ja ainainen samojen ajatusten jauhaminen käy hermoille. Asia oli niin, että poika oli tullut eilen koulusta sillä välin, kun itse olin kaupassa. Reppu oli tavan mukaan eteisessä oven suussa, koska ei sille ole vieläkään kasvanut jalkoja, joilla se itse kävelisi omistajansa huoneeseen. Nostin repun eteisen tuolille, jolloin huomasin, että siitä esiinpisti jonkinlaisia riukuja.

Myöhemmin istuin tuoliin vetäessäni kenkiä jalkaan. Läksimme silloin hakemaan pojan pyörää korjaamolta, siihen asennettiin uudet lokasuojat. Kävimme vielä samalla reissulla kirjastossa ja kirjakaupassa, jossa ei ollut liimasta mitään puhetta. Sensijaan poika halusi neljäkymppiä maksaneen Aku Ankka -kirjan. Kotiintultua alkoi mäkätys siitä, että tikapuut, jotka muodostuivat riuista, olivat mennet rikki ja pitäisi olla erikeeperiä niiden korjaamiseen. Lupasin antaa rahat, mikäli poika kävisi itse liimaa ostamassa. En siinä vaiheessa vielä tajunnut, että poika syytti minua tikapuiden rikkoutumisesta. Olinhan istunut tuolin reunalla repun riukuineen ollessa siinä. Tikapuut oli tuotu kotiin keskeneräisinä, mutta ne olisi pitänyt saada valmiiksi koulun käsityönäyttelyyn.

Vasta aamulla, kun olin lähdössä ruokkimaan eläinhoidokkejani ja poikani valmistautui lähtemään kouluun, hän sanoi, että tikapuiden rikkoutuminen oli minun syytäni.
Sain siinä vaiheessa raivarin, heitin lattiaan kumitossut, joita olin ollut vetämässä jalkaani ja huusin, että olin kyllästynyt häneen, ja hän saisi minun puolestani painua vaikka helvetin kuuseen! Ulkona, ajaessani pyörällä, olin yhä sitä mieltä, miksi olin mokoman kiusankappaleen synnyttänytkään tähän maailmaan?

16

Tällä hetkellä äitiyden ilot tuntuivat kyseenalaisilta. Saan kaikesta kantaa syyn yksinäni, ei ole ollut ketään, jonka kanssa olisin voinut jakaa vastuun tai kysyä neuvoja. Rauhoituttuani syytin itseäni kelvottomaksi äidiksi, mikä tunsin olevanikin. Pojan takia minun on kestettävä työttömyyteni ja yritettävä pysyä jonkinlaisessa kuosissa siihen asti, että saisin hänet täysi-ikäiseksi. Ei tämä elämä ole ollut helppoa hänellekään.

Takaisin kotiin tultuani olin vaihteeksi niin nälkäinen, että vapisin ja silmissä hämärti. Eihän tällainen nälkä voi olla luonnollista. Töissä tulin hyvin toimeen pelkillä eväillä koko päivän. Uskaltauduin eilen punnitsemaan itseni, painoni on parin työttömyysvuoteni aikana noussut lähes kymmenen kiloa! Totta on, että köyhät ovat lihavia. Pakko oli taas ahmia kaikkea, mitä nopeasti suuhun sain. Jotain hyvääkin sentään tapahtui eilen. Käydessäni pankkiautomaatilla huomasin, että sosiaalitoimi oli maksanut tililleni 1500 markkaa *(250 euroa)*. Mitään päätöstä en kuitenkaan ole tähän mennessä saanut. Ensi kuussa saa koko kuukauden ansiosidonnaisen päivärahani, joten silloin pystyn palaamaan normaaliin niukkaan toimeentulooni, ilman sossun apua.

keskiviikkona 29. toukokuuta

Ajaessani uskollisella polkupyörä-ystävälläni, joka on minulla ollut jo vuosikymmeniä, tutuissa ja arkisissa maisemissa, joissa majailen, tuli yllättäen sellainen ihmeellinen tunne, ikään kuin olisin ollut ulkomailla, Pietarissa tai jossakin etelässä. Tunne valtaa minut aina joskus. Tuntui kevyeltä ajaa ja taivas näytti kirkastuvan, vaikka satoi vettä. Yleensä tämä on hyvä enne. Niin se oli nytkin, sossun päätös oli tullut ja siitä luin, että jo tililläni olevan summan lisäksi kesäkuun vuokra ja sähkölaskunikin maksetaan. Jippii! Tämä on ensimmäinen kerta, kun olen päässyt osalliseksi tämänlaatuisesta huolenpidosta. Tällaisia ovat työttömän ilonaiheet. Rahasta on kaikki kiinni, se on aina mielessä, eikä paljon muuta pysty ajattelemaan kuin jokapäiväistä toimeentuloa.

Olen kateellinen niille, jotka ovat sossun "maksuautomaattiin" päässeet mukaan. Yleensä tukien saajat ovat minua nuorempaa, lähiöiden sukupolvea. Heille yhteiskunnan huolenpito erilaisten tukien muodossa on itsestään selvä oikeus, jossa ei ole mitään hävettävää. Sossusta saatu ylöspito on tukien saajille luonnollisempaa, kuin se, että he yrittäisivät elannon hankkimista työtä tekemällä. Otetaan esimerkiksi Kissanomistaja ulkomaisine miehineen, jotka eivät kyllä vieroksu työtä, kunhan sitä saa vain tehdä pimeästi. Työmarkkinatuen lisäksi pariskunnalle on maksettu jo vuosia vuokra ja sähkölasku sekä annettu noin tuhat markkaa henkeä kohti toimeentulotukea.

Ei ole ihme, että heillä on varaa käydä jopa useamman kerran vuodessa ulkomailla ja säästöjäkin kertyy, koska ei ole velkoja. He asuvat kaupungin vuokratalossa, eivätkä koskaan valita asumistukensa pienuutta tai sähkölaskun suuruutta. Sossun kulut heidän kohdallaan vieläpä tuplaantuivat talvella pariskunnan avioeron johdosta. Asunto uudessa kaupungin vuokratalossa järjestyi heti miehelle, vaikka he enimmäkseen majailevat edelleen Kissanomistajan kämpässä.

18

torstaina 30. toukokuuta

Poikani lähti luokkaretkelle Suomenlinnaan, tein eväät ja annoin viisikymppiä rahaa mukaan. Olisin mielelläni lähtenyt sinne itsekin, onhan opettajallekin helpompaa, kun muutamia lasten vanhempia on mukana laumaa paimentamassa. Koska minun on kuitenkin hoidettava joka-aamuiset velvollisuuteni hoitoeläinteni suhteen, en voinut lähteä. Onneksi ei sada, ilma on jopa aurinkoinen. Viileää on kuitenkin, vasta huomiseksi luvattiin lämpenevää.

Kissojenomistajasta ei ole kuulunut mitään, ehkä hän ei ole saanut kirjettäni, jossa kerroin sossun ja Kelan tilanteesta. Hänen asuntonsa eteisestä oli palanut lamppu. En ruvennut vaihtamaan, vaihtakoon hänen ex-miehensä, jonka pitäisi tulla Suomeen ensi viikolla. Alunperinhän pariskunta oli pyytänyt, että hoitaisin kissoja ja lintuja koko kesän, mutta siihen en suostunut. Jos nyt kävisi niin, että itse haluaisin ja pystyisin, matkustamaan johonkin kesällä työttömyydestäni huolimatta, kuka hoitaisi minun kissojeni lisäksi heidän eläinlaumansa? Toivottavasti mies tulee ensi keskiviikkona, niinkuin on sovittu. Ennen sitä minun on siivottava heidän asunnossaan, mutta lintujen häkkejä en puhdista. Toisen pariskunnan, joiden asioita hoidan, Johanssonien, asunnossa ei tarvitse käydä tällä viikolla, koska mies on Suomessa pari päivää.

Koen eläväni aikaansaamattomuuden aikaa, jota on jatkunut jo yli kuukauden. Kevätsiivous edistyy hyvin hitaasti: eilen sain siivottua oman huoneeni komeron, mutta kirjahyllyn kanssa en ole päässyt alkua pidemmälle. Mikäli saisin hyllyn järjestettyä tänään, siivoaisin eteisen samantien. Huomenna olisi vuorossa olohuoneen kirjahylly. Keittiössä ja pojan huoneessa on eniten siivottavaa, ne jätän suosiolla ensi viikkoon. Jos kävisin töissä, saisin tehtyä kaiken edellä mainitun viikonlopun aikana. Nyt, kun aikaa kotitöille on enemmän, on asioihin vaikea tarttua, puhtia puuttuu. Ensimmäinen homma kuitenkin, johon nyt rupean, on jalkojeni liotus lämpimässä vedessä.

19

Inhoan kynsien leikkaamista. Sormissani en siedä pitkiä kynsiä, ja ne leikkaankin joka toinen viikko, mutta varpaankynnet ovat eri juttu. Ne vaativat noin tunnin liotuksen, ennen kuin pystyn niitä lyhentämään vanhoilla kynsisaksillani. Kynsileikkuria en osaa käyttää. Poikani kynnet leikkaan aina saunan jälkeen.

Kuritan syömähimoista kroppaani parhaani mukaan, että saisin edes jonkun kilon lähtemään. Aloin eilen juoda runsaammin vettä, tosin en Painonvartijoiden suosittelemaa kahta litraa päivässä, se tuntuu ylivoimaiselta. Kesällä janottaa muutenkin enemmän kuin talvella, joten joka lasillista ei tarvitse laskea. Aamutoimista tultuani söin vain purkillisen ananasta, joka poistaa nestettä samalla kun tyydyttää makeanhimoa. Keitän porkkanoita ja muita kasviksia päivällä, koska raakana ne ärsyttävät vatsaani ja keitettyinä tuntuvat ruokaisemmiltakin. Eihän terveellinen ruoka onneksi ole paljoakaan kalliimpaa, kuin epäterveellinen. Syömiseen ja juomiseen tuntuu vain kehittyvän samanlainen riippuvuus kuin tupakkaankin. Tosin tupakkaa ei kenenkään keho tarvitse, ruokaa kyllä.. Itse en ole koskaan polttanut. Sitäpaitsi, millä palkitsen itseni ja mihin käytän sen ajan, jonka olen käyttänyt syömiseen? Elämään jää niin vähän iloja, jos ei saa syödäkään, mitä mieli tekee, tietenkin budjettinsa puitteissa.

Muistan, kuinka nuorempana, kolmissakymmenissä, laihdutettuani Painonvartijoiden avulla 13 kiloa, aloin inhota lihavia ihmisiä. Inhoa jatkui monta vuotta, läskikasojen näkeminen aiheutti minulle sekä ruumiillista, että henkistä pahoinvointia. Lihavat ihmiset edustivat minulle turmeltuneisuuden huippua, he olivat mielestäni tyhmiä, elostelevia, laiskoja ja tahdonvoimattomia, eivätkä lainkaan hauskoja ja leppoisia. Nyt kuljen itse ympäriinsä toitottamassa, että saan näyttää miltä haluan ja itsepähän kertyneet kiloni kannan. Miespuolisilta tuttavilta olen saanut vastakaikua nykyisille mielipiteilleni, heidän mielestään olen ihan sopivan kokoinen, enkä suinkaan lihava!

perjantaina 31. toukokuuta

Kuukausi loppuu ja minulta loppuvat voimat. Heräsin taas kuolemanväsyneenä. Tunnen vajoavani yhä syvemmälle masennukseen ja väsymykseen. Syytän kaikesta itseäni. Eilen tuli kuluneeksi kuukausi siitä, kun edellinen lyhyt työrupeamani päättyi. Minullehan annettiin sen jälkeen mahdollisuus "myydä itseni työnantajalle", kun tuttavani Guni oli puhunut minusta omalle työnantajalleen, jonka kanssa minun piti sitten keskustella puhelimessa. Väsymyksessäni sanoin, että en osannut kyseistä työtä, olin tyhmä blondi ja lisäksi erään samalle työnantajalle hankaluuksia aiheuttaneen entisen työntekijän kaveri, joten en ollut kiinnostunut heidän työpaikastaan. Touhukas, hyväntahtoinen, mutta niin raivostuttava Guni! Hänen tähtensä en halunnut mennä samaan työpaikkaan edes kokeilemaan. Olisin varmaan munannut vielä hänetkin työnantajan silmissä.

Myyminen on minulle vaikeaa sanan kaikissa merkityksissä. Milloin löytyisi sellainen työnantaja, joka sanoisi: "Ole millainen oletkin, tule tänne yrittämään, sittenhän näemme, mitä osaat." Milloin rehellisyyttä aletaan arvostaa? En usko että koskaan. Tänä keväänä olen saanut liian monta kolhua, olen luovuttanut ja elämä liukuu käsistäni. Antaa ajan kulua, nopeasti se menee työttömänäkin. Kunhan lopulta täytän 55 vuotta, voin yrittää työttömyys-, työkyvyttömyys- tai ties minkä nimiselle eläkkeelle. Työntekijänä olen luuseri ja raakki jo ikänikin puolesta. Rehellisyyttä ja hämärän talouden poistamista peräänkuulutti eilen telkkarissa joku poliitikko. Pääministeri Lipponen edusti mielestäni realistista näkökulmaa sanoessaan, **ettei ihmisiä voinut syyttää tukien hyväksikäytöstä ja työhaluttomuudesta, koska jokainen yritti näissä lamaolosuhteissa vain tulla toimeen** omien kykyjensä mukaan. Helpompaa tietysti olisi saada toimeentulonsa säännöllisestä palkasta, kuin yrittää repiä sitä erilaisista tukimuodoista. Paitsi tietenkin näiden, joille on auennut sossun maksuautomaatti. Hakemukset kuitenkin täytyy tehdä ja postittaa kuukausittain.

21

Eilen pääsimme konserttisalista kotiin pojan kaverin Miron äidin kyydissä. Hän on töissä Oopperan kuorossa, ja lupasi järjestää meille ilmaisliput Reininkultaan. Hienoa! Illan konsertissa tuttavani Untin tytär soitti loistavasti viulua ilman nuotteja ja sai 700 markan *(166,67 euroa)* apurahan. Poikani vastaanotti puolestaan tänä vuonna sadan markan stipendin, jonka sanoi käyttävänsä X-Files -videokasetin ostoon. Tänään on koululla kevätjuhla vanhemmille, jossa on musiikkia ja muutakin oppilaiden esittämää ohjelmaa. Tietenkin menen sinne ja kannan trumpetin samalla.

maanantaina 3. kesäkuuta

Voittoja ja tappioita. Perjantaina sattui raivostuttava ja kalliiksi tullut juttu. Poikani ja minun polkupyörät sattuivat olemaan päivällä noin tunnin verran ulkona pyörätelineessä. Yleensä vien ne käytön jälkeen pyöräsuojaan, mutta koska oli tarkoitus lähteä liikkeelle melko pian uudestaan, ne jäivät pyörätelineeseen. Pojan pyörä oli vain puoli tuntia ulkona, minun vähän kauemmin. Sinä aikana molemmista ajokeista oli puukolla puhkottu kaikki kumit. Saimme tänään pyörämme korjaajalta, jonka veloitus oli 420 markkaa *(70 euroa)*. Sillä rahalla olisi eletty pari viikkoa, tai olisin voinut käydä Tallinnan risteilyllä. Soitin isännöitsijälle, että tarvittaisiin lisää pyöräsuojia yhden täpötäyden lisäksi. Mitään ei hänen mukaansa ole tehtävissä. Tiedän melkoisella varmuudella, että tekijä oli alakerran pikkujätkä. Perheen rouva tietysti kielsi asian, mutta naisen juttuja kuunnellessani tulin vain entistä vakuuttuneemmaksi tekijästä.

Miro oli ilkityön aikaan käymässä meillä. Onneksi hänen ajokkinsa säästyi tällä kerralla. Häneltä nimittäin varastettiin edellinen polkupyörä vuosi sitten meidän oven vierestä, kun hän oli yökylässä meillä. Onni onnettomuudessa on se, että lähellämme on hyvä pyöräkorjaamo, muuten pyöräilyt olisi ollut ajeltu monen viikon ajaksi, koska en itse osaa korjata mitään. Poikani lähtikin äsken pyöräilemään Keravalle kavereidensa luo. Minua hieman pelottaa, koska matkalla on vaarallinen pätkä, jossa ei ole pyörätietä.

Itse pääsen myös pyörällä vanhempainkokoukseen, koko viikonlopun jouduinkin kulkemaan jalan kaikki pakolliset kuviot. Vanhempainilta on nyt kesäkuun puolella, koska poikani luokka teki keväällä luokkaretken Pärnuun, olin mukana, ja siltä ollaan tulossa vastavierailulle heti syksyllä. Kaupungilta anotaan avustusta, on kohtuutonta, jos vanhemmat joutuvat kustantamaan yksin virolaisten vierailusta aiheutuvat kulut.

23

Tänään tuli tieto siitä, että pääsemme pojan kanssa tuetulle lomalle Luumäen Taavetin lomakeskukseen. Viisi päivää puolihoidolla maksaa 350 markaa (*58,35 euroa*), eli vähemmän kuin pyörillemme aiheutettu vahinko. Luumäeltä menemme sitten suoraan juhannuksen viettoon vähäisten sukulaisteni luokse. Kissanomistajan mies tuli onneksi maisemiin, pyydän häntä vastavuoroisesti hoitamaan meidän kissojamme viikon ajaksi. Toivottavasti hän ei ehdi pötkiä taas johonkin, ennenkuin saan kysyttyä.

Tässä kuussa pitäisi ratketa lähitulevaisuuteni. Olen hakenut EU-virkaan, kävin pääsykokeissa Messuhallissa. Olen myös hakenut taas mikronkäyttäjäkoulutukseen. Tällä hetkellä en ole ylettömän huolissani raha-asioista, vaikka päiväraha onkin normaalia pienempi helatorstain ja juhannuksen takia. Eihän päivärahaa saa kuin arkipäiviltä. Viikonloput ja juhlapyhät pärjätköön työtön vaikka "pyhällä hengellä". Varsin kummallista logiikkaa.

tiistaina 4. kesäkuuta

Kaupassa kuulin, että joku oli jäänyt junan alle. Hänen jäännöksiään korjattiin juuri radalta ja radanvieruksista. Pikajunan alle oli jäänyt. Tämä oli kuukauden sisällä kolmas vainaja tällä asemalla. Itsareitahan ne ovat, joihin tämä lama-aika on osasyyllinen. Mutta ei se mikään helppo tapa kuolla ole, minun mielestäni. Tavasta huolimatta rohkeutta itsemurhan toteuttaminen vaatii, minulla ei sen laatuista rohkeutta ole. Toisaalta pidän itsaria myös rohkeuden puutteena ja jopa raukkamaisena tekona. No, jokainen tekee ratkaisunsa. Ei elämästä selviä hengissä.

Tänään meillä pojan kanssa onkin sitten tiedossa kulttuurielämys, sillä saimme Miron äidiltä hänen lupaamansa vapaaliput Reininkulta-oopperan kenraaliharjoitukseen. Varsinainen ensi-ilta on perjantaina. Wagner on oopperasäveltäjistä suosikkini, tarpeeksi mahtipontinen. Uudessa oopperatalossa olen käynyt vain kerran aikaisemmin, sekin oli kesäkuussa, joku vuosi sitten. Wagneria silloinkin oli ohjelmassa. Pietarin Mariinskij-teatterissa kävin viime syksynä kolme kertaa, eikä se enää tuntunut niin hienolta ja juhlalliselta, kuin aikoinaan ensimmäisellä kerralla. Turistina olin maksanut tosi ruhtinaallisen hinnan verrattuna paikan päältä ostettuihin lippuihin viime syksynä.

keskiviikkona 5. kesäkuuta

Eilinen oopperaesitys oli poikkeava, uusi tekniikka sallii uudenlaiset toteutukset. En tiedä, minusta toisaalta tuntuu siltä, että Wagnerin hengen tavoittaa paremmin vanhanaikaisissa pahvikulisseissa. Tämä produktio oli Ring-tetralogian ensimmäinen osa. Kansallisooppera aikoo esittää tulevina vuosina myös Siegfridin, Valkyyrian ja Jumalten tuhon. Ehkä pääsen niitäkin katsomaan sitten aikanaan. Tai oikeastaan: minun on nähtävä kaikki, jos vain olen elossa!

Oopperaan mennessä tapahtui mieluisa tapaaminen, näin nimittäin ratikkapysäkillä viimevuotisen kurssiopettajani Valerin. Hän on edennyt hyvin opettajan urallaan ja oppinut suomeakin niin paljon, että puhui huomattavasti paremmin kuin vuosi sitten. Pois oopperasta pääsimme taas Miron äidin kyydissä. Olin ostanut reissua varten vuorokauden voimassa olevan kimppalipun, joten lähdemme pojan kanssa tänään retkelle Seurasaareen. Leivoin korvapuusteja evääksi. Oraville ostin kilon pähkinöitä.

torstaina 6. kesäkuuta

Arvelin elämän helpottuvan koulujen loputtua ja trumpetin kantohugien tauottua. Vielä mitä, joka päivälle on ohjelmaa. Päivin ja öin täällä on ainakin yksi vieras viikari omani lisäksi. Kevätsiivous, joka muuttui jo kesäsiivoukseksi, ei ole edennyt pätkääkään. Päinvastoin, en ole jaksanut huolehtia edes jokapäiväisestä siisteydestä. Laihdutuskaan ei ole edistynyt. Olen yrittänyt olla syömättä leipää ja rasvaa ja pärjätä puurolla. Nyt jäi kuitenkin niin paljon kaurapuuroa tähteeksi, että siitä pitää leipoa leipää. Samalla paistan piimäkakun. En periaatteessa heitä mitään ruoka-ainetta pois. Näin äskettäin reseptin, jonka mukaan tähteeksi jääneistä leivänkannikoistakin voi leipoa uutta leipää.

Eilisellä Seurasaaren retkellä olivat mukana poikani kaverit Miro ja Sami, joten oravat ja sorsat tuli perusteellisesti ruokituiksi kolmen nuorukaisen voimalla. Kotiintultua heittäydyin väsyneenä sohvalle pitkäkseni. Pian tuli Samin äiti hakemaan poikaansa kotiin, mutta tämä tuli illalla takaisin meille ja jäi yöksi. Kissanomistajan mies tuli myös käymään. Kysyin, missä on tuliaispulloni? Siihen ei ollut liiennyt rahaa, eikä nahkavyöhönkään, joka oli luvattu pojalleni. Että sillä lailla. Koska ei tullut tuliaisia, pyysin miestä ruokkimaan meidän kissojamme lomamme ja juhannuksen ajaksi. Juhannus ei hänelle sopinut, koska hän oli luvannut mennä silloin suomalaisten kavereidensa kanssa veneilemään. Siinä tapauksessa minun on tultava jo juhannuspäivänä takaisin kotiin. Haistakoot paskan kaikki!

Samanlaista se on niiden Johanssonienkin kanssa. Vastavuoroista apua saan tuskin koskaan. Johanssonin äijältä sain määräyksen, että hänen Kela-hakemuksensa pitää postittaa 18.6. Minähän olen silloin siellä maalla lomalla, mistä tiedän, onko siellä postilaatikkoa lähimain ja kuinka tarkasti Kelassa syynätään postileimoja? Yli vuoden tätäkin rumbaa on jo jatkunut. Alussa kävin kastelemassa heidän kukkiaan, kunnes ne vietiin Lasnamäen asuntoon. Mitä olen saanut palkaksi?

Vuoden aikana kaksi likööripulloa, jotka maksavat Tallinnassa kympin kappale. Viime kesänä he tarjosivat minulle kerran aterian kotonaan. Toisaalta, silloinkin vein heille tuliaisia yli tarjoilujen arvon.

perjantaina 7. kesäkuuta

Yöllä satoi. Nyt on aurinkoista, mutta tuulista. Tänään pitäisi selviytyä viikkosiivouksesta, koska suursiivous ei etene ja päivittäinen siistiminenkin takkuaa. Ei huvita, mutta mielenrauhan takia jonkinlainen järjestys pitää huushollissa olla! Viikonlopuksi en ole suunnitellut mitään ohjelmaa. Ensi viikolla menemme pojan kanssa ehkä Tallinnan risteilylle. Päivärahat tulivat tänään ja yksi kielteinen, mutta miellyttävästi esitetty vastaus työpaikkahakemukseen. Nyt tuntuu siltä, että en hae enää yhtään työpaikkaa, niin turhauttavaa koko homma on.

Eilen olimme Pipsa Kastrolla kylässä. Hän antoi minulle äitinsä keräämiä marjoja syntymäpäivälahjaksi talvella ja menin vasta nyt palauttamaan astiaa. Ostin Alkosta pullon vahvaa siideriä ja lähikaupasta ruusun Pipsan uuden ihmissuhteen kunniaksi. Alkosta ei saa enää muovikasseja ilmaiseksi, niinkuin ennen. Pipsa on niitä henkilöitä, joista ei saa selvää ovatko he hulluja vai viisaita? Samaa voisi sanoa koko perheestä: pojasta, tyttärestä ja entisestä miehestä.

Koko liki kymmenvuotisen tuttavuutemme ajan Pipsa on aktiivisesti etsinyt vakituista miesystävää. Välillä luulin häntä jopa nymfomaaniksi. Esteenä pysyvään suhteeseen on ilmeisesti ollut puolihullu poika ja Pipsan rahanahneus. Lopulta, tänä talvena löytyi 39-vuotias ujo rakastaja, joka hyväksyy pojankin. Mies on saman työnantajan palveluksessa kuin Pipsa. Eilen hän oli iltavuorossa, joten en päässyt häneen tutustumaan. Juotiin se siideripullo ja lisäksi join jopa kupin kahvia, vatsani tuntui kestävän molempia. Sen sijaan toinen hankala elin äityi vuotamaan kahden edestä.

Pipsa antoi poistaa kohtunsa jokin aika sitten, joten hän on vapaa vuotohuolista. Onneksi istuin lakatulla pirttikaluston penkillä, josta pyyhin läpivuotaneet tuotokset vessapaperilla huomiota herättämättä pois. Olisihan minultakin kohtu viety jo useita vuosia sitten runsaiden vuotojen takia.

29

Mutta, koska mitään kasvaimia ei löytynyt, en suostunut sinänsä terveen elimen poistoon. Helpommalla olisin päässyt leikkauttamalla. Kannan kuitenkin tämän taakan loppuun asti, kestän kivut ja vuodot niinkuin olen kestänyt jo 35 vuoden ajan.

maanantaina 10. kesäkuuta

Minulla oli leijonanharja, jonka leikkautin tänään lyhyemmäksi. Nyt olen, jos mahdollista vielä tyhmemmän näköinen - tai sitten viisaamman. Pitkät hiukset ovat kesällä hankalat, ne hiostavat ja pesun jälkeen kuivuvat hitaasti. Nyt niska tuntuu alastomalta. Olen todellisen keski-ikäisen läskipäämuijan näköinen! Tuhlasin muutenkin. Pojan silmälaseista katkesi toinen sanka, joten jouduimme menemään optikolle. Ostaa täräytin sieltä itselleni aurinkolasit kahdella sadalla markalla. Ne ovat pienet ja kissamaiset. Minulla pitää olla kevyet sangat. Pojalle jouduttiin tilaamaan uusi sanka ja lisäksi hänellekin ostettiin aurinkosuojat laseihin, jotka tulivat maksamaan kolmesataa. Postimyynnistä olin taas tilannut tavaraa, tuli vain yksi pusero.

Lauantaina poljin Keravalle. Hyvähän nyt on ajella, kun pyörä on kunnossa. Mutta kuinka kauan? Näin ohiajaessani ihmisiä uimarannalla. Kesä on siltäkin osin tullut. Me emme ole vielä heittäneet talviturkkeja, koska pojalla on yskä ja kurkkukipua. Jos tänään ehdin, menen yksinäni vähäksi aikaa ottamaan aurinkoa rannalle. Lauantai-iltana odotti yllätys. Kissojenomistaja soitti tulleensa aiottua aikaisemmin takaisin kotiin. Työt olivat vähentyneet ja koska tukien kanssa Suomessa oli ongelmia, hän oli tullut niitä hoitamaan. Tärkein syy oli tietysti latinalainen rakastaja, eli hänen entinen aviomiehensä, jota ilman nainen ei kuitenkaan voinut elää. Kummallinen viha-rakkaussuhde! Pariskunta tuli käymään yhdessä ja sanoi parisuhteensa syyksi sen, että he olivat toinen toistaan hullumpia ja täydensivät toisiaan. Nyt tulivat tuliaiset: sain pienen pullon konjakkia ja nahkalompakon. Poikani sai lopultakin odottamansa vyön ja karkkeja, jotka minä söin lähes yksinäni.

Sunnuntaina istuin parvekkeella leikkaamassa matonkuteita vanhoista tennissukista, teepaidoista ja alusvaatteista. Ostan ison virkkuukoukun ja virkkaan kuteista pyöreitä mattoja, niinkuin nuorempanakin.

31

Toinenkin käsityö on myös vireillä: virkatuista paloista tehtävä torkkupeitto. Lankaa vain pitäisi ostaa lisää, kun jostakin halvalla löytäisi. Huomenna lähdemme käymään Tallinnassa. Laiva lähtee yhdeksältä aamulla Länsisatamasta. Käymme Mustamäellä, jos ehdimme. Johanssoneille en ole ilmoittanut tulostamme, eikä heitä ehtisi tapaamaankaan.

tiistaina 11. kesäkuuta

No niin, on ilta ja takaisin ollaan. Aika rankka reissuhan se oli, maissaoloaikaa jäi vain pari tuntia. Kaksi kaupunkia, eivät kuitenkaan Lontoo ja Pariisi, niinkuin Dickensin kirjassa, vaan Helsinki ja Tallinna! Tallinnassa kukkivat hevoskastanjat ja Helsingissä syreenit, kuten kaikki muutkin kukat. Ilma oli tänään aurinkoinen molemmissa kaupungeissa, mutta laivan kannella kävi niin kova tuuli, että palelin sortseissani. Naama punoittaa, aurinko teki tehtävänsä. Aamulla laiva oli tupaten täysi, mutta illalla tultiin pois väljemmissä tunnelmissa. Suurin osa päivämatkustajista käyttää ehkä myöhäisempää vuoroa. Laiva oli suomalainen ja hinnat sen mukaiset. Kanta-asiakastarjoukset olivat kelvottoman huonot. Poistullessa kuitenkin törsäsimme ja kävimme syömässä texmexiä.

Menomatkalla tapasin yhden entisen työtoverini, nimittäin Karitan, joka olin jälkikasvuineen ensimmäistä kertaa matkalla Tallinnaan. Hänkään ei enää ole töissä, vaikka olikin vielä entisen yhteisen työnantajamme kirjoissa, ilmeisesti hänelle maksetaan pitkältä irtisanomisajalta palkkaa. Minun irtisanomisaikani oli normaali, enkä saanut mitään ylimääräistä. Karita oli ollut lafkassa lähes koko tähän astisen työelämänsä ajan. Tapasin laivalla myös tutun miespuolisen toimittajan, joka näytti ihan eri ihmiseltä selvinpäin. Aikaisemmin hän oli aina tukevassa humalassa. Ehkä hän on alkanut käydä AA-kerhossa?

keskiviikkona 12. kesäkuuta

Minulle soitti eräs työllisyyskurssikaverini ja tarjosi verkostohommia, ynnä ties mitä rahapelejä. Vastaavia soittoja tulee usein. Melkein kaikki työttämät, ikäiseni, naisihmiset ovat mukana verkostohommissa ja puhelinmyynnissä. Itsestäni ei kuitenkaan myyjäksi ole. Pystyn myymään vain sellaista, mihin uskon ja nykyään en usko mihinkään. Varsinkaan itseeni. Hauskaahan se on kuitenkin, että tuttavat muistavat minua edes näissä merkeissä.

Tämän kuukauden, jonka olen ollut sossun elättinä, olen ollut aivan holtiton raha-asioissa. Mutta onpa ollut ylimääräisiä menojakin, kuten polkupyörien korjauttaminen ja pojan silmälasien hajoaminen. Äsken hain Elloksen paketin, postikuluja piti taas maksaa rutkasti. Loppujen lopuksi postimyynti ei ole mikään edullinen tapa tehdä ostoksia, ainakaan usein pieniä eriä, niinkuin minä teen.

Apua, satuin katsomaan peiliin ja huomasin, miten ryppyinen olen! Nuorena minun sanottiin muistuttavan Brigitte Bardotia ja niin muistutan nytkin, alan olla yhtä ryppyinen mummo, kuin hänkin. Tosin, olen yli kymmenen vuotta häntä nuorempi, joten nykyisestä yhdennäköisyydestä ei ole syytä iloita. Nyt kostautuvat nuoruuden laiminlyönnit ihonhoidossa ja tietysti viime vuodet rahanpuutteinen ja työttömyydestä aiheutuvine murheineen ovat nopeuttaneet vanhenemista. On ollut aikoja, jolloin en ole pystynyt ostamaan minkäänlaista ihorasvaa, en edes halvinta käsivoidetta. Katselin äsken lehdessä kuvia laihtuneesta Riitta Väisäsestä ja riemuitsin huomatessani rypyt hänen silmiensä ympärillä.

Aika tekee misseille ja muille julkkiksille saman kuin kaikille naisille, vanhenemista ei voi estää. Mutta kas ihmettä: ykskaks julkkiksilta ovatkin rypyt hävinneet ja iho on taas sileä! Köyhällä muijalla rypistyminen vain jatkuu.. Brigitte Bardot ei ole kauneusleikkauksista kiinnostunut, kunnioitan häntä siksi.

Entinen filmitähti on omistanut nykyisen elämänsä eläimille. Äskettäin hän perusti Ranskaan puiston susille.

Jos minullakin olisi paljon rahaa, ei tekemisestä olisi puutetta. Rakastan eläimiä, ne ovat niin kauniita ja viattomia. Esimerkiksi Pietarissa on suuret määrät koiria ja kissoja kaduilla heitteillä. Perustaisin turvakodin eläimille joko Pietariin, Tallinnaan tai Suomeen johonkin maaseudulle. Ryppyisistä naisista vielä puheenollen: lehdessä oli kuva Yrsa Steniuksesta, joka on 51 v. ja tosi ryppyinen. Toisaalta, minun mielestäni, rypyt tuovat uskottavuutta, jota kasvonsa kohottaneilla ja ihonsa kiristäneillä ikikaunottarilla ei ole.

Papa-kokeen vastaus tuli tänään, gynekologista syöpää minulle ei ole. Mammografian tulosta en ole vielä saanut. Pahiten minua on jo kymmenkunta vuotta vaivannut ruoasulatuselimistö. Pienikin tippa maitoa on myrkkyä, samoin tuore hiiva. Myös vehnäjauhot aiheuttavat vaivoja. Maha on alati turvoksissa ja vatsa kuralla. Elimistöäni vuosikymmenten ajan riivanneen hiivasienitulehduksen olen saanut taltutettua päivittäisellä Molkosanin juonnilla. Se on aika kummallista, että vatsani ei siedä tavallista suomalaista ruokaa, mutta tulisia mausteita, pepperoneja sekä jalopenoja se kestää hyvin ja oirehtimatta.

35

perjantaina 14. kesäkuuta

Tuli jobinpostia, minua ei hyväksytty mikronkäyttäjäkurssille. Tämä oli jo neljäs ATK-koulutus, johon en päässyt! Nyt on vaihtoehdot vähissä.. Eniten harmittaa taloudellinen puoli. Työvomapoliittisessa koulutuksessa saa rahaa 700 markkaa *(116,70 euroa)* kuukausittain verottomana ylläpitokorvauksena. Ensi kuussa ollaan taas todella tiukilla pelkällä päivärahalla. Rahat alkavat olla loppu jo nyt.

Huomenna lähdetään kuitenkin lomalle. Työttömänkin on tärkeää päästä välillä muihin maisemiin. Poika on ollut sisätiloissa koko tähän astisen kesälomansa, koska kaikki kaverit ovat lomilla, ja hänellä on se iänikuinen flunssansa. Pääsemme Reiskan kyydissä, niinkuin viime vuonnakin. Yksi ilonpilkku tähänkin päivään löytyi: pihalle on tuotu kukkalaatikoita, joissa on samettiruusuja ja päivänkakkaroita ankean asfaltin kaunistukseksi.

maanantai 17. - perjantai 21. kesäkuuta

Lauantaina tulimme tänne lomakylään Reiskan kyydissä. Huone on onneksi parempi, kuin mitä ulkopäin, rakennusten parakkimaisesta ulkonäöstä, saattoi odottaa. Pienihän kämppä on, kaksi sänkyä, pöytä ja kaksi tuolia, pienenpieni jääkaappi sekä kahvinkeitin. Kelloradiokin on, mutta telkkarin kanssa on heikompaa, sitä voi katsella illalla vain yhdeksään asti kahvilan puolella. Anniskeluravintolakin täällä on, kumma kyllä. Heitin poikani kanssa tikkaa ja pelasin minigolfia niin paljon että oikea käsivarsi kipeytyi. Itikat purivat jalkani paksuiksi pökkelöiksi ja ruvet kutisivat ja vuosivat verta monta päivää. Ulkoilun iloja Suomen kesässä!

Ruokala on liian pieni, siellä pitää ruokailla kolmessa vuorossa. Meillä on viimeinen vuoro, joten pöydät ovat valmiiksi sotkuisia. Ruoka on kuitenkin parempaa kuin viimevuotisessa lomapaikassamme. Kylmä on ollut kuin ryssän helvetissä. Ensimmäisen vuorokauden ajan palelimme huoneessakin, koska en tajunnut panna pattereita päälle. Saunassa oli pakko käydä lämmittelemässä.

Sunnuntaina sai kokeilla vuokrattavia urheiluvälineitä. Ajelin polkupyörällä puolisen tuntia. Se oli parempi pyörä kuin omani, kevyempi. Ajellessani huomasin hämmästyksekseni, että päivänkakkarat kukkivat jo teiden varsilla. Näin myös, että lähellä lomakylää on suuri huoltsikka, joka on auki 24 h, ja sen seinässä on pankkiautomaatti.

Maanantaina tutustuimme samassa rakennuksessa asuvaan pohjalaiseen perheeseen, jossa on viisi- ja kolmevuotiaat pojat. Minun (vähän vanhemmasta) pojastani tuli heti naperoiden idoli! Pohjalaiset veljekset ovat täysin erinäköisiä ja -luonteisia. Joten, sekä isällä että äidillä on oma suosikkinsa. Nuorempi, kolmevuotias, on varsinainen persoonallisuus ja rajun näköinen ulkomuodoltaan. Hän puhuu tuhmia ja vakiovitsi on tämä (3-vuotiaalla!):

"Suomalainen, norjalainen ja saksalainen menivät saunaan. Suomalaiselta kysyttiin kauanko hän aikoo olla saunassa? Vaikka kuinka kauan, munat jäi lautteitten väliin.." En tiedä, keneltä lapsukainen on jutun oppinut, mutta mielikuvitusta hänellä on itselläänkin, koska ruumiinosa vaihtelee eri kerroilla kerrottuna. Poikien isä vei koko joukon ongelle illalla. Minun jälkeläiseni uistin tarttui kiveen ja siima piti katkaista. Kaloja ei tullut kenellekään, mutta eihän se ollut nokonuukaa.

Tiistaina läksin kävelemällä Taavettiin, matka oli seitsemän kilometeriä edestakaisin. Poikani oli sen aikaa pohjalaisten seurassa. Eipä kylässä paljoa nähtävää ollut, katsoin vain, mistä bussit läksivät ja tsekkasin aikatauluja. Takaisin lomakylään tultuani lainasin sieltä Elsa Vainion kirjoittaman kirjan "Kuuntelin laineiden laulut". Itselläni ei ollut mitään lukemista mukana, pojalla oli kuitenkin omia kirjojaan. Kirja oli mielenkiintoinen, se kertoi ajasta 1930-luvun Koiviston saarella. Oli hauska lukea lapsuudesta tuttua murretta. Kaukaisia sukulaisiamme on kotoisin Koivistolta, ehkä samasta Patalan kylästä, josta kirja kertoi.

Keskiviikkona ilma meni huonoksi ja vettä satoi rankasti. Onneksi maksullinen retki, jonka toteutuminen vielä tiistaina oli epävarmaa, toteutettiin. Meitä vietiin katsomaan Salpalinjan bunkkereita ja luolia. Näimme myös sodan aikana järveen rakennetun padon. Mielenkiintoisin oli kuitenkin käynti Kotkanniemessä, jossa edelleen asuu Svinhufvudin pojanpoika perheineen. Oppaana toimi reipas nainen, joka pitää talossa perinteistä täyshoitolaa. Valitettavasti asiakkaita on ollut vain vähän viime vuosia, koska ihmiset vaativat nykyään ohjattuja lomia. Kävimme sitten vielä Luumäen kirkolla ja Svinhufvudin haudalla. Sateinen iltapäivä meni sitten märkiä vaatteita omassa huoneessa kuivatellessa ja saunoessa. Kävin myös uimassa, joten talviturkki on karistettu! Vesi oli noin kymmenasteista. Sateen lakattua vuokrasimme soutuveneen illalla ja yritimme irrottaa kiveen juuttuneen uistimen, mutta eihän se onnistunut.

Täällä lomailevilla ihmisillä on hirveän paljon lapsia.

38

On monta viisilapsista perhettäkin. Lasten vanhemmat ovat nuoria ja sivistyneen oloisia. Kait ne nykyajan tuet ja hoitovapaat ovat aikaansaaneet lastenhankkimisbuumin. Ja työttömänä on aikaa tehdä lapsiakin. Lapsilisä nousee käsittääkseni viidenteen lapseen asti. Minulta meinasi ensimmäisen aamun ruokailussa mennä kerrankin ruokahalu, kun joka puolella näkyi mukuloiden töhryisiä naamoja ja vanhempia, jotka mättivät puuroa jälkeläistensä suihin. Meidän tuttavaperheemme originellilla nuoremmalla veljellä oli aika erikoiset ruokailutottumukset. Päivälliseksi hän söi yhden keitetyn perunan ja joi useita lasillisia kotikaljaa. Kaljasta hän aina puhuikin. Välipalaksi piti olla salmiakkijäätelöä.

Torstai oli kotiinlähtöpäivä, jolloin huoneen sai pitää puoleenpäivään asti. Bussi entiseen kotikaupunkiini lähti vasta puoli neljältä iltapäivällä. Tuli hieman ajanvietto-ongelmia. Taavettiin pääsi bussilla vain kaksi kertaa päivässä ja taksimatkaan en halunnut kuluttaa vähiä rahojani. Päätimme kävellä poikani kanssa tuon kolmen ja puolen kilometrin matkan kantamuksinemme. Ensi kertaa koko viikon aikana oli lämmin ilma. Kiirettähän meillä ei ollut, joten seisahduimme aina välillä ja söimme munkkeja, joita ostin evääksi huoltoasemalta. Ne olivatkin harvinaisen tuoreita ja hyviä. Mehua oli myös mukana. Ehdimme istuskella bussia odottamassa tunnin verran, ennenkuin bussi Joensuusta tuli.

Yhden bussinvaihdon jälkeen olimme perillä puoli kuuden maissa ja jouduimme keskelle perheriitaa. Sisareni avomies oli näet aloittanut juhannuksen vieton ostamansa lonkerolaatikon ja vodkan voimalla. Jo ennenkuin sain edes takkia naulaan, minullekin lyötiin lonkerotölkki käteen. Hyvältähän se maistui matkan jälkeen. Siinä se ilta meni sitten töristessä ja siskon vihoitellessa. Lankomies vaati minua lähtemään kanssaan paikalliseen kuppilaan. Olin älyttömän väsynyt, mutta läksin, koska ajattelin, että lapset saisivat nukkua rauhassa sen ajan.

39

Join langon laskuun liian paljon ja sain lopulta nikottelukohtauksen, joka ei ollut loppunut vielä siinä vaiheessa, kun rymysimme takaisin asuntoon. Jälkeenpäin minua nauratti, että olin lähtiessä vetäissyt kylppärissä muka siskon parfyymiä korvan taakse, kun omani oli jäänyt kotiin. Selvittyäni tajusin sen olleen partavettä! No, joka tapauksessa en ainakaan juonut kyseistä ainetta.

Juhannusaattona minulla oli kova krapula ja päivä meni sitä parannellessa, siihen asti, kunnes piti lähteä moottoriveneellä paikalliselle leirintäalueelle. Koska lankomies oli nauttinut päivän mittaan useita lonkeroita ja kyytipojaksi vodkaa, hän vaati minun 12-vuotiasta poikaani ohjaamaan venettä. Mukana oli myös pelkurimainen veljeni, joka loikki kyydistä pois välipysähdyksen aikana. Poikkesimme huoltoasemalla, jossa ehdin huomata erikoisen näköisen koiran, jonka toinen silmä oli vaaleansininen ja toinen ruskea.

Pahin oli edessä: satama-alueella oli paljon merimerkkejä ja niin kova ristiaallokko, että olin todella hädissäni poikani puolesta. Hän ohjasi venettä pää märkänä ja silmälasit niin täynnä pärskeitä, että hädintuskin näki mitään. Lähistöllä pyöri vene täynnä nuoria juoppoja, jotka huutelivat härskejä ja heiluttivat varmaan metrin mittaista mustaa tekopenistä meidän suuntaamme. Siinä vaiheessa pakotin langon itsensä puikkoihin, vaikka hän oli juuri ryystänyt lonkeron.

Mukanamme oli myös pariskunnan tyttövauva, joka vain nukkui sitä paremmin, mitä kovemmin aallot venettä rympsyttivät. Pääsimme lopulta leirintäalueelle. Hulluja me siskoni kanssa olimme, kun lasten kanssa lähdimme moiselle veneretkelle. Ravintolaan oli sisäänpääsymaksu, eikä minua huvittanut mennä sinne koska lapset olivat mukana. Sanoin, etten enää jalallani astu veneeseen, eikä poikani sitä takaisin ohjaa. Lanko hommasi minulle ja lapsille autokyydin ja nuoripari tuli kahdestaan takaisin veneellä, luojan kiitos! Olin jo ehtinyt surra, miten orvon lapsiraukan elämä järjestetään, mikäli hänen vanhempansa hukkuvat.

Eihän se harvinaista olisi juhannuksena ollut, mutta onneksi takaisintulo oli sujunut hyvin.

maanantaina 24. kesäkuuta

Vielä juhannuksenvietosta: sisko ja sen mies olivat sopineet käninänsä tulomatkalla veneessä. Loppujen lopuksi, hehän rakastavat toisiaan ja ovat luvanneet olla yhdessä viisikymmentä vuotta. Joten aattoilta sujui ihan sopuisasti, veljeni löytyi takaisin porukoihin ja miehet grillasivat makkaraa. Ehkä runsaasta ryyppäämisestä johtuen heräsin aamuyöstä ja valvoin pari tuntia. Se oli kauhea kokemus, vieraassa paikassa ei voinut nousta tekemään mitään, täytyi vain valvoa vatvovien ajatustensa kanssa. Olen tullut jo niin vanhaksi, että mieleen nousee vain ikäviä muistoja hamasta lapsuudesta asti. Tulihan se aamu sitten lopulta ja siskoni oli niin kiltti, että kävi pyörällä ostamassa meille krapulaisille keskaria kioskista. Niitä tuli juotua muutama pullollinen, ennenkuin läksin iltapäivällä kotia kohti. Poikani jäi vielä muutamaksi päiväksi siskon luo, koska lankomies oli luvannut opettaa lisää veneilyä (!) ja veljeni vie hänet katsomaan Ace Ventura -elokuvaa.

Linja-autoasemalla oli muitakin krapulaisia Helsinkiin lähtijöitä minun lisäkseni. Kauhea morkkis juhannuksesta jäi. Arvostelukyky oli pettänyt pahemman kerran. Onneksi bussit kulkivat juhlapäivästä huolimatta. Kotiin tultuani huomasin heti, että kissoja oli hoidettu huonosti. Karvatuppoja oli joka paikassa ja lautasilla kuivat kissanruoanjämät. Arvasin heti, että kissoja ei oltu ruokittu ainakaan aamulla. Piti heti lähteä huoltoasemalta kuivamuonaa ostamaan. Kissanomistajan ex-mies oli kuitenkin korjannut poikani romahtaneen sängynrämän.

41

Pariskunnalle oli tullut riitaa juhannuksen vietosta heti aattona. Joten, rouva oli viettänyt aattoillan naapurilähiön kapakassa, eikä ollut lauantaiaamuna kyennyt minun kissojani ruokkimaan. Hän sanoi miehen ehkä löytäneen jonkun yksityisen hilupilttuun, jossa käytetään huumeita. Ei hyvin mennyt heilläkään!

Postia ei viikon aikana ollut kovin paljoa tullut ja vain yksi karhukirjekin. Ensimmäinen avaamani kirje tuotti iloisen yllätyksen: se oli naistenlehden päätoimittajalta, joka kirjoitti, että tarjoamani juttu julkaistaan lehdessä ja saan siitä 700 markan palkkion. Minun pitää toimittaa verokorttini hänelle, jonka jälkeen maksetaan käteen tuleva summa eli 400 markkaa *(66,70 euroa)*. Mutta hyvä niinkin! Innostuin tiedosta niin paljon, että käytin sunnuntain kirjoittamalla tarinan kolmeen eri kirjoituskilpailuun. Mitään ei saa, jos ei mitään yritä. Illalla katsoin entisestä Itä-Saksasta kertovaa elokuvaa, joka loppui ennen yhtä ja sitten en saanutkaan unta. Ehkä elämäni on nyt liian helppoa ja olen tullut laiskaksi? Jos tekee ruumiillista työtä koko päivän, kylläpä uni tulee heti, eikä painajaisia tarvitse katsella yön aikana.

tiistaina 25. kesäkuuta

Asunnossani on kylmä. Kaksi peittoa pitää olla yöllä kesät talvet. Onneksi kissat lämmittävät jalkojani. Kunkku-kissani herätteli minua hellästi aamulla, ei kynsimällä, vaan koskettelemalla nahkaisella polkuanturallaan kättäni. Yöllä näin (toive)unta, että olin kirjoittanut kaksi näytelmää, joita esitettiin yhtä aikaa, toista Kaupunginteatterissa ja toista jossakin uudessa pienessä teatterissa, jonne mentiin Arkadiankatua pitkin. Tunsin itseni Juha Siltaseksi. Menestyksen lisäksi tai ansioista olin unessa vielä New Yorkissa hienoissa partyissa.

Illalla soitti Guni. Joku virolainen narttu oli huijannut kaksi miljoonaa markkaa hänen isoisältään, joka on nyt kuollut ja perintöä etsitään paraikaa. Annoin Gunille Johanssonien puhelinnumeron Viroon, ehkä nämä voivat auttaa käytännössä perinnön etsintätöissä Tallinnassa. Vaikka tuskin. Sitä paitsi pariskunnan pitäisi tulla Suomeen näinä päivinä. En ole käynyt heidän asunnossaan loman jälkeen. Yhtäaikaa Gunin puhelun kanssa ovikelloani soitti Kissanomistajan ex-mies Carlo, joka etsi naistaan. Kerroin tämän olleen juhannusaattona kapakassa. Selvisi, että mies olikin ollut juhannuksen Turussa, ja tullut vasta nyt. Hän yritti soittaa puoleenyöhön asti Kissanomistajan numeroon ja ihmetteli, kun tämä ei ollut kotona. Nainen oli alkanut juosta yhtämittaa Helsingissä. Minuun meni piru ja sanoin, että ehkä hän on taas alkanut heittää keikkaa Vaasankadulla! Carlo uhkasi lähteä sinne etsimään entistä vaimoaan.

Kissanomistaja oli vannonut lopettaneensa ne keikat ja että ne kuuluivat nuoruuden seikkailunhaluun. Hän oli jo vähän päälle kymmenvuotiaasta asti pyörinyt festareilla bändärinä ja polttanut ruohoa, brenkun lisäksi, eikä häntä ei ollut mikään pidellyt. Joillakin murrosikä ottaa kovemmalle kuin toisilla. Oireet olivat kyllä selvät, aina rahanpuutteen yllättäessä nainen vieläkin alkoi käydä tiheään Stadissa, jonka jälkeen rahaa oli säästöönvietäväksi asti. Minulle hän oli joskus uskoutunut, ettei halunnut keneltäkään mieheltä muuta kuin rahaa.

43

Meille virisi Carlon kanssa keskustelu prostituutiosta. Alkukesästä, oleillessaan etelässä, hän oli tutustunut neljään nuorukaiseen, jotka toimivat miesstrippareina, mutta joilla oli myös huone asiakkaitten (turistien) vastaanottoa varten. Kundit olivat houkutelleet Carloa mukaan, mutta hän oli inhoten kieltäytynyt. Hän ei ikinä pystyisi siihen. Itse rupesin pohtimaan, voiko itseään myydä vain ruumiillisesti? Eikö ole henkistäkin prostituutiota? Mitä muuta oma touhunikaan on, kun lähettelen juttuja omasta elämästäni kirjoituskilpailuihin ja lehtien palstoille ansaitakseni muutaman markan. Ja eikö henkinen prostituutio ole vielä moraalittomampaa kuin ruumiillinen? En kuitenkaan osaa kirjoittaa muusta kuin omasta elämästäni.

keskiviikkona 26. kesäkuuta

Säikähdin, että joko kirjoittamiseni loppui kokonaan, sillä vaikka kuinka yritin käynnistellä tätä vanhaa tietsikkaani, näyttö pysyi mustana. Kerrankin minulla välähti, piuha oli irronnut eilen siivotessani. Iänikuinen "kevät"siivous vain jatkuu.. Olen koko ikäni ollut hosuja, vie aikaa tottua siihen, että enää ei ole kiirettä. On loppuelämä aikaa siivota kaappeja ja laatikoita. Hiljaa hyvää tulee. Poikani on vielä sukulaisissa, hän tulee huomenna kotiin. Taas tunnen tunnontuskia siitä, että olen kauhea äiti, olen aina ollut. Ennen, jos poika oli muutaman päivän pois kotoa, riensin heti kapakkaan miestä iskemään. En sitä koskaan myöntänyt itselleni, vaan menin muka tanssimaan, mutta aina tulin kuitenkin jonkun miehen kanssa takaisin.

Nyt ei moinen meno ole tullut edes mieleeni, vaan olen katsellut iltaisin telkusta vanhoja elokuvauusintoja. On vain sellainen olo, ettei minulla ole mitään oikeutta luuhata kapakoissa, ei siksi, että olen äiti, vaan siksi, etten ole enää nuori ja kaiken lisäksi olen köyhä. On parempi pysyä kotosalla. Ehkä tein eilen vääryyttä Kissanomistajalle. Mikä minä olen ketään tuomitsemaan! Näin Carlon kaupan luona tänään ja hän kertoi hyökänneensä keskustelumme jälkeen vaimonsa asunnolle, parahiksi näkemään, kun tämä tuli kotiin elokuvista. Nainen oli käynyt katsomassa uusinta Pedro Almodovar -elokuvaa. Entisen miehensä hän oli häätänyt tiukkaan sävyyn pois oveltaan.

Guni soitti tänäänkin ja puhuimme pitkään. Olikin onni, etten halunnut sinne hänen työpaikkaansa töihin. Siellä on melkoinen käymistila meneillään, pettymyksiä olisi taas vain tullut.
Guni tarjosi minulle myös edullisia Linnanmäen lippuja elokuuksi ja varasin niitä kolme. Hän saisi liput ammattiliittonsa kautta. - Puhelinyhdistykseltäkin tuli tieto, että puhelimme liitetään lopultakin digitaaliseen keskukseen ja saamme joitakin uusiapalveluja. Tosin HPY nostaa syksyllä osakkeenomistajienkin maksuja.

45

torstaina 27. kesäkuuta

Poikani saapui eilen sovitusti, olin häntä linja-autoasemalla vastassa. Satoi vettä. Kävimme hankkimassa toisen puhelinlinjan, joka asennetaan ensi viikolla. Ostin pojalle tarjoustalosta vielä raitaverkkarit ja liigalippiksen. Carrollsissa kävimme syömässä. Sinne ne lapsilisät sitten hupenivat. Vähän tekee pahaa, koska lapsilisärahat pitäisi saada säästöön syyskuista opintolainan maksua varten. Velkaa pitää lyhentää. Mutta miten näistä tuloista saa mitään säästettyä? Eilen tuli Museoviraston kilpailukutsu, joka koskee satavuotiasta elokuvaa. Kilpailuaikaa on lokakuun loppuun asti, joten kiirettä ei ole. Ehkä väsään kirjoitelmani kuitenkin niin pian kuin se on mahdollista.

Finnkino juhli tänään elokuvan satavuotispäivää. Olin lukenut lehdestä, että Bristolissa näytetään leffoja kympillä, Kaurismäen uusintakin: Kauas pilvet karkaavat. Kysyin, haluaisiko Kissannomistaja lähteä kanssani elokuviin. Oli vähän huono omatunto. Lippujen hommaaminen jäi hänen tehtäväkseen, koska minä kävin viemässä ennen elokuvaa pojan vanhoja vaatteita toimitettavaksi Pietarin katulapsille. Leffateatterin aulassa tarjoiltiin maistaisia, Cappucino- ja Cafe au Lait -pusseista sekoitettavista juomista, joita sai ottaa mukaansakin. Kun istuimme salissa ja elokuva alkoi, se olikin kymmenen vuotta vanha "Varjoja paratiisissa", jonka olen nähnyt televisiosta pariin kertaan. Nuoren näköisiä näyttelijät siinä olivat, vaikka osa on nyt jo haudassakin. Elokuvan jälkeen selvisi, että Kaurismäen uusin menikin Andorrassa ja kaikkia Finnkinon elokuvia olisi saanut katsella kympillä. Sekaannusta ja väärinkäsitystä kerrakseen!

Taas olin ilkeä ja ajattelin, että jos olisin ostanut itse lipun, olisin huomannut oikean asiantilan ja ehtinyt vielä toiseen teatteriin. Oma apu on paras apu, täytyy taas todeta. Huomenna on ilonaihetta, sillä minut on kutsuttu vieraaksi Johanssoneille heidän täkäläiseen asuntoonsa. En ollut hyvässä kunnossa

46

tänään. Syynä olivat nämä kerran kuussa tulevat päivät, jotka nykyään tulevat kahdesti kuussa. Ensimmäiset, kivuliaimmat päivät tekevät minut sekä pilleristiksi että alkoholistiksi. Kivut olivat niin kovat tänäänkin, että olen ottanut sekä buranaa että konjakkia. Olen aina inhonnut naisia, jotka valittavat kuukautiskipuja, mutta nyt alkaa itselläni olla hiljaa kärsimisen mitta täynnä.

perjantaina 28. kesäkuuta

Viikko on jälleen kulunut. Onkohan tämä sellainen "kesä, jota ei tullut"? Tämä on ainakin ensimmäinen kesä, jolloin olen pelkästään kotona. Edelliset kesät olen käydä rahjustanut ties millä ihme kursseilla ja nyt kävi ilmojen kanssa näin. Pidetään ikävää. Tuntuu ihmeelliseltä, että kukat kukkivat ja luonto elää omaa elämäänsä viileydestä huolimatta. Eilen ostin ensimmäiset uudet perunat.

EU:sta ei ole kuulunut mitään. Ilmeisesti epäonnistuin englanninkielen kokeissa, niinkuin pelkäsinkin. Niille, joita ei kutsuta haastatteluun tulee tieto luonnollisesti myöhemmin. Täytin äsken päivärahahakemuksen: työtön, työtön, työtön, työtön, työtön ja niin edelleen. En muista, että minulla olisi minkäänlaista ammattinimikettä olemassakaan. Työttömyys on minun ammattini. Nyt kirjoitan vielä pari valituskirjettä Finnkinolle sekä bussifirmalle. Jos kukaan ei milloinkaan valita, luulevat vielä, että kaikki ovat tyytyväisiä heidän palveluihinsa.

maanantaina 1. heinäkuuta

Kuukausi vaihtui sateisissa merkeissä. Pyöräilen ehkä tänään Pitäjänkirkolle, koska siellä on parina päivänä viikossa ilmainen urkumusiikkikonsertti. Tällä ilmalla matka taitaa kuitenkin olla liian pitkä poljettavaksi.. Onneksi viikonlopun molempina päivinä oli hyvät pyöräilysäät. Eilen ajelimme poikani kanssa naapurikunnan kirkolle, jossa olikin konfirmaatio menossa. Ollessamme kirkon takana sankarihautausmaalla näimme kulkueen, jossa ensimmäisenä kannettiin ristiä, sitten tulivat naispuolinen pappi ja rippilapset valkoisissa kauhtanoissaan. "Ku klux klan" sanoi poikani. Kirkko on pieni viehättävä puukirkko, jonka hautausmaalle on haudattu taiteilijasuuruudet Aleksis Kivi ja Pekka Halonen. Käyn siellä pari kertaa kesässä, mutta aikaisemmin ei ole sattunut olemaan kirkonmenoja.

Paluumatkalla kävimme syömässä Mäkkärissä, siellä oli myös Ronald MacDonald. Keräsin vielä tiepuolesta päivänkakkaroita, ne ovat mielestäni ainoita luonnonkukkia, jotka kestävät maljakossa. Illalla tuli Kissanomistaja kylään, koska hän ei keksinyt mitään tekemistä, nyt kun on antanut Carlolle porttikiellon kämppäänsä. Paistoin iltapalaksi lettuja, koska mitään muutakaan ei ollut.

Perjantai-iltana olin ollut Johanssoneilla heidän kutsumanaan. Tarjolla oli voileipiä, kahvia ja vermuttia. Vein leipomani kakun tuliaisiksi. Läksin pois puolenyön paikkeilla ja ihailin pyöräillessäni kaunista kuutamoa. Tankojuoppohan minä tietenkin olin. Kotiovella odotti yllätys, luuulin, että pyörävarkaat ovat liikkeellä, mutta seinänaapurimme siinä muuttivat pois keskellä yötä. On se ihme asunto. Sinä aikana, mitä olemme asuneet täällä, eli neljä vuotta, naapuriasunnossa on ollut viidet asukkaat. Rauhatonta menoa! Lauantaina Johanssonit soittivat ja pyysivät minua pikaisesti käymään luonaan. Asia oli sellainen, että olinko mahdollisesti nähnyt tai kuullut yöllä jotakin epätavallista heidän talonsa liepeillä? En todellakaan ollut.

Koska oli yö, olin mennyt suoraan isolle tielle, enkä parkkipaikan kautta, niinkuin tavallisesti. Heidän autoonsa oli nimittäin murtauduttu edellisenä yönä. Oikea etummainen sivuikkuna oli tuusan nuuskana ja lukossakin oli murtojälkiä. Auton arvo oli nykyisellään 2000 - 5000 markkaa *(350-850 euroa)*, mutta nyt hinta nousisi, koska se olisi kelvannut varkaillekin. Murtautujat olivat tosin olleet niin tyhmänlaatuisia, etteivät olleet saaneet autoa käynnistetyksi! Vakuutukset olivat onneksi kunnossa.

Ajattelin taas, että Johanssonit ovat hyvin epätasainen pariskunta. Toisella on akateeminen loppututkinto (Neuvostoliitosta) ja toinen on tuskin kansakoulun käynyt ja tyhmä, mutta ovela. Suomalaiset miehet ovat kovaa kamaa virolaisilla avioliittomarkkinoilla. Molemmat ovat Suomessa kirjoilla, vaikka asuvatkin Tallinnassa. Suomenlahden molemmin puolin on omistusasunnot. Suomesta saadaan asumistukea ja toimeentulotukea. Yhtiövastike maksetaan sossusta täysimääräisenä, vaikka paikallisessa asunnossa ei edes asuta. Pistää vihaksi, koska minä sentään maksan suurimman osan vuokrastani itse. Mutta minä en olekaan "Neuvostoakatemiaa" käynyt.

Yöllä näin unta, että minulla oli työpaikka. Työnantajani oli tavallisen näköinen keski-ikäinen suomalainen mies, joka oli myös rakastajani. Minun piti lähteä Amerikkaan pomoni puolesta hoitamaan firman asioita, koska hän ei itse päässyt. Miehen vaimo ja perhe tulivat minua saattamaan lentokentälle. Koneessa tuskailin sitä, etten tiennyt, mitä minun pitäisi tehdä perillä, ja onko minulla tarpeeksi rahaa ja kaikki tarvittavat paperit. Sitten heräsin.

Tänään menin postiin nostamaan lapsilisätililtä 100 markkaa, koska kirjoituspalkkio ei ole vieläkään tullut. Olin kuin mikäkin pöllö! Ensin menin väärällä numerolla luukulle ja lopuksi menin sitten väärälle luukulle. Pisteeni postivirkailijoiden silmissä tuskin nousivat. He taitavat olla yhtä kyllästyneitä minun naamaani kuin minä heidän.

50

Mutta ei ole hurraamista muissakaan asiakkaissa, jotka ovat venäjää puhuvia paluumuuttajia, öriseviä juoppoja ja yksinhuoltajaäitejä häiriköivien ja huutavien puoliveristen tenaviensa kanssa.

tiistaina 2. heinäkuuta

Joka aamu taistelen ylösnousemisen kanssa. Kun vilkaisen ulos ja näen, että sataa, en näe syytä, miksi minun pitäisi nousta? Takana ovat ne ajat, jolloin jokainen uusi päivä oli täynnä mahdollisuuksia. Kannatti herätä jo pelkästään sen takia, että näki, mitä tarjouksia lehdessä oli kullekin päivälle. Mutta, koska joku ryhti pitää säilyttää, aamurutiinit, pojan ja kissojen ruokkiminen, aamiainen ja lehden luku, pukeutuminen, vuoteitten petaus ja kevyt ehostus on tehtävä. Poljin työnvälitykseen, hain sieltä uusimman Työ ja koulutus -lehden. Kävin myös kaupoissa, kotiin pitäisi hankkia yhtä sun toista, mutta kirjoituspalkkio ei vieläkään ole tullut. Joka tapauksessa, liikunta ja ulkoilma ovat tärkeitä työttömälle, ilman niitä menee viimeinenkin elämänhalu.

Kotiintultua luin erään suomalaisen kirjailijattaren pienen romaanin. Kirjailija oleskeli seitsemänkymmentäluvulla pitkähkön ajan Italiassa ja aikaisemmin olin lukenut pari hänen siellä kirjoittamaansa teosta. Päähenkilö on joka kirjassa kolmekymppinen kirjailijatar, joka levittelee haarojaan parikymppisille italialaisnuorukaisille. Omia kokemuksiaan kai purkaa. Kirjan takakannessa ei ollut kuvaa ja yritin muistella, miltä kirjailija mahtaa näyttää? Mieleeni tuli vain Annikki Tähden kuva ja hän on taas Mattiesko Hytösen kaksoisolento, joten se kertoi paljon. Kyseinen nainen on entinen mustalaisruhtinatar ja nykyään, kirjoja kirjoittaessaan, muutaman lapsen yksinhuoltaja. Latinorakastajat tuntuvat olevan tärkeämpiä kuin lapset.

Minusta on tullut erittäin kriittinen lukija. Lukemassani kirjassa minua kiusasi erityisesti se, että vaikka henkilöiden nimiä oli muutettu, olivat oikeat nimet kuitenkin muutaman kerran lipsahtaneet mukaan. Huolellinen pitää kirjoittaessa olla! Kaukokaipuuni kirjanen kuitenkin herätti. Italia on minulle(kin) rakas maa, mutta tällä hetkellä lähtisin vaikka minne Välimeren äärelle. Lähes kolme vuotta siitä on, kun viimeksi olen lomaillut etelässä. Tokko enää koskaan pääsen Viroa etelämmäksi? Mutta, onhan matkalaukkuni ainakin matkustanut tukia (ja ihmisiä) hyväksikäyttävien Johanssonien kanssa Tunisiaan tänä vuonna. Kiva, kun suomalaiset veronmaksajat kustantavat tällekin pariskunnalle täyden ylöspidon lisäksi ulkomaan matkatkin!

keskiviikkona 3. heinäkuuta

Mielenvikaiset ilmentävät itseään pukeutumisellaan. Arvelen, että itsekin näytän nykyään pähkähullulta jo vaatetuksen puolesta. Kumpi on pahempi, hullu vai työtön, vai sekä että? Ei ole rahaa ostaa vaatteita, mutta mitä sillä loppujen lopuksi on väliä, minkälaisissa retaleissa kotona ja kylillä pyörin? Ennen ajattelin, miten vaatteitani voisi järkevästi yhdistellä, nyt vedän päälleni, mitä käteen ensimmäisenä osuu. Yksiäkään kunnollisia kenkiä minulla ei ole, vaan kuljen kymmenen markan kumitossuissa, joita olin jo viime syksynä heittämässä pois.

Talvella, siinä vaiheessa, kun onneksi sain lyhytaikaisen työpaikan, pojalta ja minulta alkoivat olla alusvaatteet loppu. Sen verran jäi palkasta ylimääräistä, että sain pojalle ostettua halvinta laatua olevia alusvaatteita ja teepaitoja kesäksi. Kunnollista yöpukua en hänelle pystynyt vieläkään ostamaan, sillä miesten ja poikien pyjamat ovat kalliita.

EU:sta ei ole kuulunut mitään vieläkään. Ei ole tullut kirjoituspalkkiotakaan, kai se tulee vasta lehden ilmestymisen jälkeen. Toivottavasti sentään päivärahat tulevat huomenna. On ankeaa, kun ei ole rahaa, ei voi tehdäkään mitään. Jos olisi edes lämmintä, voisi olla päivät rannalla auringossa, se on melko halpaa huvia, kun ottaa eväät mukaan, eikä osta rannan kioskista mitään.

torstaina 4. heinäkuuta

En ole koskaan ollut aamu-uninen, tai sanotaan mieluummin niin, etten ole koskaan saanut nukkua pitkään. Tänä kesänä elämänrytmini on muuttunut sellaiseksi, että virkistyn vasta illalla. Aamulla heräsin puoli kymmeltä. Heti kun olin saanut vaatteet päälleni, tuli puhelinasentaja kytkemään pojalle omaa puhelinlinjaa. Numero eroaa yhdellä numerolla entisestä. Asennus kesti vain viisi minuuttia, koska muovisten lattialistojen takia mies ei ruvennut asentamaan linjaa poikani huoneeseen, vaan jatkojohto menee sinne eteisestä, niinkuin ennenkin. Onni-kissamme katsoi asentajan olevan niin vaarallisen näköinen, että pakkautui olohuoneen sohvan alle. Löytökissa Kunkku sitä vastoin luottaa ihmisiin ja tuli heti tarvehtimään miekkosta.

Päivärahaa ei tullut tänä päivänä, onneksi sentään kirjoituspalkkio tuli. Sillä vajaalla viidellä sadalla markalla on tultava viikko toimeen. Ostin uusimman lehden ja avasin sen kauhuissani: nytkö tarinani on siellä? Ei onneksi ollut, vaan jonkun muun selviytymistarina. Tänään aiomme joka tapauksessa juhlia, poljemme pojan kanssa kesäteatteriin katsomaan näytöskappaletta "Reissumiehen poika", se kertoo äidistä kahden isättömän lapsensa kanssa. Toivottavasti työttömät saavat ostaa lippunsa alennuksella!

55

perjantaina 5. heinäkuuta

Olen hukannut työvoimatoimiston sinisen korttini. En tiedä edes, milloin minun pitää seuraavan kerran työkkäriin ilmoittautua? Joskus syksymmällä se kuitenkin vasta on. Onneksi kesäteatterin lipunmyyjä uskoi työttömyyteeni ja pääsin sisään kolmella kympillä. Näytöksen väliajalla alkoi sataa, satoi vielä kotimatkankin ajan ja oli kylmää. Näytelmä ei ollut hyvä eikä huono. Sen voin todeta, että kehitystä parempaan suuntaan on tapahtunut näiden vuosien aikana, jolloin olen tässä harrastelijateatterissa käynyt. Näytteleminen ei enää ole niin selvästi pelkkää näyttelemistä ja laulut soivat puhtaasti. Poikani oli ihan tyytyväinen esitykseen.

Kotiin tultuamme katsoin vielä ohjelman tanskalaisesta kirjailijasta Karen Blixenistä. Olen lukenut hänen kirjojaan ja joku niistä minulla on kirjahyllyssänikin, mutta en ymmärrä niitä. Ohjelmasta jäi mieleeni kirjailijan sanat, että "Kuolema on elämän huipennus." Sen tähden me tänne synnymme, että aikanamme kuolisimme pois. Elämä on luotu elettäväksi siinä välissä. Vanhana Blixen oli itse kuin kuoleman irvikuva, huppu päässä, silmät kajalilla mustattuina ja kasvot irvokkaasti rypyssä. Itse ajattelen, että voisin kuolla vaikka heti, jos ei minulla olisi poikaa. Väsyttää aina, tahtoisin vain nukkua.

maanantaina 8. heinäkuuta

Launtaina oli karmea ilma koko päivän, taivas oli lyijynharmaa ja ukkonen jylläsi. Espoossa oli satanut suuria rakeita. Leivoin sämpylöitä ja korvapuusteja, joten suurin osa viikonlopusta kuluikin sitten ilmavaivojen parissa. Kissanomistaja avautui huolistaan: sillä välin kun hän itse oli vielä ollut etelässä töissä ja Carlo oli jo tullut Suomeen, joku yhteinen tuttava oli nähnyt miehen fritsut kaulassaan! Sanoin, niinkuin tosi olikin, että minä en ollut mustelmia nähnyt. Ja mitä se haittaisi, vaikka fritsuja olisi ollutkin, koska pariskuntahan oli saanut jo avioeropäätöksen. Mutta ei eroaminen helppoa tuntunut olevan.

Sunnuntai-iltapäivänä ilma oli parempi, joten pyöräilin yksinäni paikallisen lammen rannalle. Siellä oli puolenkymmentä uimaria, muita ulkoilijoita ja istuskelijoita. Veden lämpö näytti olevan 18 astetta ja tuskin se tänä kesänä siitä lämpenee. Nautin pyörällä ajosta. Auringon paiste ja lämpö tuntuivat niin hyvältä tämänkaltaisena kesänä! Uusimaalainen maisema on levollinen. En halua täältä pois. Ensi kuussa tulee kolmekymmentä vuotta siitä, kun tulin Helsinkiin.

Aurinko paistoi, ihme kyllä, vielä tänä aamunakin. Ostin kimppalipun, jolla matkustimme pojan kanssa Senaatintorille katsomaan sotilassoittokuntien esityksiä. Haminassa on Tattoo ja soittajat olivat sinne menomatkalla. Kerran olemme käyneet Haminassa paikan päällä katsomassa esityksiä, siitä on jo useampi vuosi. Suurkirkon portailta näki hyvin, vaikka raput olivat täynnä ihmisiä. Esiintyjät olivat Turkin sotamuseon Mehter-soittokunta, se oli eksoottista, ja tutunoloinen ruotsalainen Norlandin varusmiessoittokunta.

Kylläpä tulee hyvä mieli, aina, kun on jossakin muualla, kuin kotona - vaikka rahaa meneekin. Ostin esityksen jälkeen litran mansikoita (15 mk/litra, *2.50 euroa*) ja kävimme hampurilaispaikassa syömässä.

Lusmuilen ruoalaitosta aina, kun se vain on mahdollista. Huomiseksi ostin kuitenkin jauhelihaa ja teen lihamakaronilaatikkoa. Kotimatkalla näin bussissa Sanin, joka oli viemässä käsitöitään myyntiin. Hänen toiminimensä toimii vielä, mutta kaikki raha kuulemma menee, mikä tulee ja voittoa ei pääse syntymään. Arvonlisävero on vihonviimeinen riesa pienyrittäjille. Sani on kyllä liian viisas ja yritteliäs ihminen minun tuttavakseni.

Posti oli tullut poissaollessamme. Ensin oli postikortti Lyypekistä, se oli Tuulalta, jonka olen tuntenut parikymmentä vuotta. Hänen saksalainen aviomiehensä Karl, jonka kanssa jouduin pari vuotta sitten laittamaan välit poikki, rouvan mustasukkaisuuden takia, vaikka todellakin olimme vain ystäviä, oli kuollut juopotteluun. Perinnönjaossa Tuula oli Saksassa pariskunnan tyttären kanssa. Karlin äiti on vielä elossa. Minulle jäi huono omatunto tästä(kin) kuolemantapauksesta. Pariskunnan ongelmissa olin kuitenkin uskonut Karlin sanaan enemmän kuin vaimonsa.

Tuula kutsui meitä kylään luoksensa nyt, kun on saanut elämältä kaiken mitä on halunnutkin, pysyvän työpaikan, omistusasunnon (maksettu), kauniin tyttären ja vieläpä etelänmatkoja kustantavan uuden poikaystävän. Hän on naispaholainen, ottaa toisilta kaiken, eikä anna itse mitään. Karl-vainajakin oli minulle sanonut: "Tuula käyttäytyy kuin enkeli, vaikka onkin itse piru!" Minulla ei ole kiinnostusta pitää tuttavuutta yllä, nyt kun itseltäni on viety kaikki, itsekunnoitusta myöten. Sen verran kateellinen olen. Joten, tuskin menemme vierailulle.

Seuraavaksi avasin suuren ruskean kirjekuoren. Se oli Eduskunnan oikeusasiamieheltä. Järkytyin todella, kunnes muistin, että olin yli vuosi sitten kaikkeen tuskastuneena kirjoittanut Pirkko K. Koskiselle. Olin unohtanut koko jutun, varsinkin, kun Koskinen ehti jo jäädä eläkkeelle. Valitukseni oli käsitellyt joku miespuolinen apulaisoikeusasiamiehen varamies.

Valitukseni koski toimeentulotuen ja työttömyysturvan väärinkäytöksiä sekä työvoimahallinnon rahoittamaa koulutusta. Vastaus valituksiini oli, etteivät ne anna ainetta toimenpiteisiin, koska lainvastaista tai virheellistä menettelyä ei ole tapahtunut.

Vuoden 1994 aikana ja sen jälkeen on tapahtunut niin paljon ikäviä asioita, ettei sillä enää itsellenikään ole merkitystä, vaikkei vaikkei kirjelmäni antanutkaan "aihetta toimenpiteisiin". Helppo on virkamiesten lytätä kaikki. Heillä ei ole pelkoa työttömyydestä. Olen kuitenkin ylpeä siitä, että selviydyin silloin, kun puolelta vain näytettiin ovea. Olihan kirjelmälläni terapeuttinen vaikutus itselleni, asiat lakkasivat kaivelemasta, kun sain ne paperille. Luultavasti leimauduin samalla vainoharhaiseksi valittajaksi..

En jaksa jatkuvasti murehtia, vaan olen niin huoleton, että aion illalla mennä yksinäni Stadiin katsomaan Carlos Sauran Flamenco -elokuvan. Sen on kuvannut italialainen huippukuvaaja Vittorio Storano. Flamenco ja Fado ovat todella "kolahtaneet" minuun. Kaipaan suuria tunteita. Sitäpaitsi kimppalipussa on vielä aikaa jäljellä, täytyyhän se hyödyntää. Edestakaisen matkan hinta on kolmekymppiä, joka on ihan liian kallis työttömälle.

tiistaina 9. heinäkuuta

Eilen oli luppopäivä. En tehnyt lainkaan taloustöitä. Ilmakin hymyili aamusta asti. Kävin illalla elokuvissa, niinkuin oli aikomuskin. Teatteri oli melko täynnä. Taitaa silti Suomessa olla niin vähän flamencon harrastajia, että tuskin leffa kovin monta viikkoa on ohjelmistossa. Pääosassa olivat flamenco ja sen esittäjät. Tehosteita ei elokuvassa ollut, vain parkettilattia, pari tuolia ja pöytä sekä sermit, jotka rajasivat kulloistenkin esiintyjien käytettävissä olevan tilan. Tanssia olisi mielestäni saanut olla enemmän. Lauluista tajusin sen verran, että tuskan ja paatoksen ohella sanoissa ei ollut päätä eikä häntää, vain tunne oli tärkein. Kaikki esiintyjät olivat ehkä tunnettuja latinalaisessa maailmassa, itse tunnistin vain kitaristi Paco de Lucian.

Pari iloisempaakin laulua esitettiin, toinen niistä oli nimeltään "Rakastan vihreää" ja siihen on helppo näin kesällä yhtyä. Saura on tehnyt, tai filmaa parhaillaan, toista elokuvaa, jonka nimi on "Sevillanas". En ole varma ovatko kyseiset tanssit oma lajinsa vain yhden lajin flamencoa. Toisessa laulussa puolestaan kerrottiin, miten mies aamulla joi kupin kahvia, poltti savukkeen ja osti aviisin sekä asettui ulos istumaan ja nauttimaan olemassaolostaan. Niin pitäisi työttömänkin asennoitua ja nauttia vapaudestaan. Pitäisi päästä eroon näistä itseluoduista suorituspaineista: sitku olen siivonnut ja sitku olen täyttänyt lomakkeet, niin sitten.. Tultuani ulos leffateatterista oli edelleen kaunis ilma, sellaisia iltoja on ollut harvassa tänä kesänä. Rautatieaseman terassilla oli orkesteri, jonka musta laulusolisti lauloi "Beautiful Maria of my soul" -kappaletta, joka on lempikappaleeni. Täydellistä!

Rouva Hillary Clinton on Itä-Euroopan kierroksellaan saapunut maahamme. Vierailua "juhlistaakseen" on ilma normaalin pilvinen ja sateinen. Poissa on eilinen auringonpaiste. Aloin heti herättyäni valmistaa ruokaa, ennenkuin elämänväsymys taas saa vallan.

60

Kun uuni oli kuumana, leivoin lisäksi aika kummallisen marjapiirakan Pipsa Kastrolta saaduista puolukoista ja vehnänleseistä. Huomasin, että jääkaapissa purkkihernekeiton jämät olivat päässeet homehtumaan. Se oli perin kummallista, koska yleensä ahmin yksinäni kerralla koko purkillisen. Silloin, kun vielä olin töissä, pääsi joskus juustonkannikka tai leivänkyrsä homehtumaan. Työttömänä olen kierrättänyt kaikki tähteet uuteen muotoon, kuten olen tehnyt suurimman osan ikääni. Ruoan poisheittäminen on minusta anteeksiantamatonta, sen verran olen nälkää nähnyt.

Sähkölasku tuli ja vuokranmaksu on myöhässä. Toivottavasti päiväraha tulee edes tänä torstaina. Suoraan sanoen: täysin perseestä on koko työttömyyskassa! Yritin ennen välttää kiroilua, enkä varsinkaan olisi kirjoittanut tällaista, mutta nyt, katkeroituneena työttömänä, minulla on mielestäni oikeus edes kirjoilla. Olen jo haukkunut kaikki tuttavanikin, ennen pyrin kaunistelemaan heidän tekojaan ja kieltämään itseltäni muiden arvostelemisen. Nyt näen ihmiset juuri sellaisina paskiaisina kuin he ovat.

Poikani luokkakaveri Juhana oli äitinsä kanssa kuukauden ajan Jenkkilässä, mutta on nyt palannut ja jokapäiväinen vieras meillä. Hän tulee tänne pelkästään pelaamaan tietokonepelejä, mutta onhan hänestä kuitenkin seuraa minun pojalleni. Alkaa jo koko kesä tympäistä, koulu saisi jo alkaa. No, eihän siihen ole enää kuin kuukausi aikaa.

61

keskiviikkona 10.heinäkuuta

Eilen oli ukkosen ja sateen välillä sen verran taukoa, että ehdin käydä kirjastossa. Oli syytä laulaa kohtalokkaan iskelmän sanoin: "Myrsky reppii puita, taivas salamoi.." Kissojemme kauhuksi pihalle tuli lisäksi nosturi, joka kauhoi (toisenlaisia) kolleja katolle. Taloyhtiössämme kunnostetaan nähtävästi ulkokattoja.

Kirjastossa varasin esikoiskirjailijattaren kirjan iloisesta talosta. Kirja ei ollut vielä tullut ja minua ennen jonossa oli kolme lainaajaa. Varaus maksoi viisi markkaa. Se investointi kannatti kuitenkin tehdä, koska olin nähnyt kirjakaupan ikkunassa, että läpyskän hinta oli yli 100 markkaa *(16,70 euroa)*. Lehtikirjoittelu kirjasta on herättänyt kiinnostani sen verran, että haluan tuotoksen lukea, vaikka olenkin kurkkuani myöten täynnä joka paikassa siteerattua kohtaa, jossa kirjailijan äiti paskoo ikkunasta kukkapenkkiin. Eräänlainen riuku.

Lainasin kolme kirjaa, joista yhden luin heti kotiin tultuani. Se on suomalaisen naiskirjoittajan kuvaus menneeltä vuosikymmeneltä. Onhan siinä autenttista ajankuvaa, mutta se on myös kuvaus työttömyydestä, vaikka tuntuu oudolta ajatella, että joku oli työttömänä jo "kulutusjuhlan" vuosina Helsingissä. Kirjan lopussa kertoja sai vuoden kestävän määräaikaistyön ammattikurssikeskuksen tiedottajana. Yritin muistella, miltä tämä kirjailijatar näyttää, ja tulin siihen tulokseen, että hänellä on tumma tukka, isot silmälasit ja isot hampaat. Kaikilla suomalaisilla naiskirjailijoilla on tumma tukka, isot silmälasit ja isot hampaat, paitsi niillä, joilla on vaalea tai punainen tukka ja silmälasit sekä isot hampaat.

Huomasin, että kirjallinen makuni on yksipuolinen, sillä luen etupäässä suomalaisten naiskirjailijoiden ja latinalaisamerikkalaisten mieskirjailijoiden teoksia. On latinoiden joukossa yksi naiskirjailijakin, Isabel Allende, mutta hän on liian realistinen minun makuuni.

Illalla aloin lukea Mario Vargas Llosan teosta ja ilmeisesti luen kaikki hänen kirjoittamansa, nyt kun alkuun pääsin. Minä rakastan Gabriel Carcia Marquesin Macondoa ja Oscar Hijuelosin Mambo Kingsejä! Etelä-Amerikasta katsoen Eurooppa tuntuu olevan lähempänä kuin toisinpäin. Tämä koskee tietysti vain rikkaita ja sivistyneistöä. Intiaaneille ja puoliverisille köyhille Eurooppa on varmaankin täysin tuntematon maanosa.

On vielä yksi perin ihana Brasiliasta kertova kirja, jonka kirjoittajaa en muista. Kirjan nimi on Gabriela ja se kertoo mulattitytön ja hänen isäntänsä suhteesta. Siitä on tehty elokuvakin, jonka pääosissa olivat Sonia Braga ja Marcello Mastroianni. Filmi tuli telkusta joku vuosi sitten, mutta minulla on vieläkin se tallennettuna videokasetille ja katson sen suurinpiirtein kerran vuodessa. Yöllä näin vielä unessakin olevani Etelä-Amerikassa ja kun aamulla lähdin ulos, ilma oli kostea ja lämmin aiheeseen sopivasti. Koska Juhana ei tullut tänään, poikani innostui itse huoneensa siivoamisesta! On yhden aikakauden loppu, kun viimeisetkin lapsuudenaikaiset lelut heitetään menemään tai viedään kirpputorille. Viimeinen konsolipelikone peleineen myytiin pois ennen joulua.

Illalla soitti Molla. Ilahduin siitä, koska yleensä yhteydenpito on ollut minun varassani. Hän ihmetteli, miksi en ollut käynyt hänen luonaan entiseen malliin. Molla on minua lihavampi ja liikkuu vähän, tuskin lainkaan, työssäkäynnin lisäksi. Hän on töissä kunnan rakennusvirastossa, joten työttömyyttä ei tarvitse pelätä. Silloin kun vielä harrastin kävelylenkkejä säännöllisesti, poikkesin aika usein hänen luonaan iltaisin. Tämän kesän aikaansaamattomuuden johdosta en ole kyennyt.

torstaina 11. heinäkuuta

Aurinko näyttäytyy nyt illalla, hyvä niinkin. Täytyy olla kiitollinen tästäkin vähästä. Päivä oli lyijynharmaa ja lyijynraskaat olivat jalkanikin, hädin tuskin jaksoin kävellä kauppaan ja takaisin. Päivärahat tulivat tänään kahdeltakymmeneltä päivältä. Yli kolmasosa summasta meni vuokraan. Pitää laskea, olisinko tässä kuussa oikeutettu toimeentulotukeen. Sähkölasku erääntyy kuun lopulla. Komeroiden siivoamisen ohella olen lukenut perulaisen Vargas Llosan teosta, jossa meno äityy aina vain hullummaksi loppua kohti. Nauroin niin, että vedet valuivat silmistä. Tänään tulee hupia telkkaristakin, sillä Todella uupeeta -sarja uusitaan. Jos olisisin rikas, muistuttaisin ehkä kyseisiä daameja.

Siivoussavotan läpikäytyäni tiedän ainakin, mitä kaapeissa ja komeroissani on. Vuosi vuodelta yhä vähemmän. Jokaisen muuton yhteydessä olen heittänyt tavaraa pois, eikä ole ollut rahaa ostaa uutta tilalle. Luovun nyt lähes puolesta vaatevarastostani, vien retaleet keltaisiin laatikkoihin. Pietarin katulapsia varten vien vielä kuormallisen kenkiä. Olen kyllästynyt katselemaan vuosikymmenten ajan samoja rytkyjä, joista kaiken lisäksi suuri osa on jäänyt pieneksi. Olisi toiveajattelua kuvitella, että joskus vielä niihin mahtuisin. Onneksi olen alkanut ihailla askeettista elämää aina vain enemmän.

perjantaina 12. heinäkuuta

Koulun alkuun on nyt tasan kuukausi. Poika on pysytellyt huoneessaan monta vuorokautta peräjälkeen siivousmylläkästä huolimatta. Tänään hän kuitenkin lähti Juhanan luokse, vaihteeksi niinkin päin. Kutsuin Kissanomistajan miehineen meille syömään. Teen kreikkalaistyyppistä pöperöä: feta-salaattia ja mussakaa. Carlo on saanut määräaikaista työtä. Työvälityksessä oli sattunut olemaan espanjaa taitava kesäapulainen, keski-ikäinen mies, joten kommunikointi oli kerrankin ollut helppoa. Jotain maalarinhommia se työ on.

Horoskoopissa minulle sanottiin, ettei kannata yrittää mitään, ja paras olisi kun en tekisi mitään. Kerrankin olen tähtien kanssa samoilla linjoilla. Sain kuitenkin yhden yritysidean eilen, kun katsoin keskusteluohjelma Amatsoniaa. Ehkä minussa on taipumusta sadismiin? Voisin myydä ruoskinta- ja muita palveluita niitä kaipaaville äijille. Varsinainen intiimi kanssakäyminen ei sisältyisi toimenkuvaan. Varmaan on eduksi sadismipalveluissa kun on ikää jo kertynyt, sehän antaa auktoriteettia. Voisin ilmoittaa lehdessä tyyliin "Lady Domina". Ensin täytyisi kuitenkin perehtyä alaan lukemalla markiisi de Saden teos ja muutakin alaan liittyvää.

maanantaina 15. heinäkuuta

Tämä on suuri sadekesä, aurinkoiset päivät voinee laskea yhden käden sormilla. Lauantaina ilma ei haitannut, koska päivä meni siivoillessa. Enää on jääkaappi putsaamatta ja joitakin hienosäätöjä tekemättä, mutta ne hoidan viikkosiivouksen yhteydessä. Tällä viikolla on jo toivoa päästä kirjoittamaan muistelmia Museovirastolle. En ole koskaan pitänyt siivoamisesta ja kuitenkin minun on koko ikäni pitänyt sitä tehdä! Ei ole vaihtoehtoja, koska en siedä pölyä ja suurta epäjärjestystä. Apua, nyt muistin, että verkkokellarikin pitää vielä järjestää. Nyt, kun olen kotona, löytyy koko ajan uutta siivottavaa. Töissä käydessä saattoi sulkea silmänsä paljolta ja syyttää työkiireitä.

Silloin ennen, kesäloman alkaessa, hoidin ensimmäisellä viikolla suursiivouksen ja sen jälkeen saatoin lähteä hyvällä omallatunnolla etelään tai lomailla muuten. Olen pitänyt lomaa heinäkuussa vain kerran. Se oli 1960-luvulla, jolloin kesäloman pituus oli vain kolme viikkoa, eikä talvilomaa ollut. Seuraavalla vuosikymmellä oli muistaakseni tämän kaltaisia "huonoja" kesiä, jolloin kävin lomailemassa Italiassa alkukesäisin, mutta satoihan sielläkin.

Sunnuntaina kävin pienellä kävelyrundilla, vadelmia en vielä löytänyt, vaikka tarkkailin kaikki tienvarren pöheiköt. Poikani odottaa, että tekisin joka kesän herkkua, vadelmapiirakkaa, jossa on ohut kerros marenkia päällimmäisenä. Hän on pienestä pitäen tykännyt marjoista paljon, erityisesti tietenkin mansikoista. Pienenä hän keräsi omin pikku kätösin pihan ruusupensaistakin syksyllä suuria punaisia kiulukoita ja pisteli ne poskeensa. Poika lähti eilen jo puolelta päivin koulukaverinsa Samin luokse ja jäi sinne yökylään. Olin jo usein toivonut, että saisin olla välillä ihan yksinäni, edes lyhyen ajan, mutta hänen lähdettyään, tunsin itseni yksinäiseksi.

66

Mutta, pian tulivat käymään Kissanomistaja miehineen, jolla oli rupi ja pitkiä naarmuja kasvoissaan, jotka olivat arvatenkin Kissanaisen pitkistä kynsistä lähtöisin. Miksi heidän elämänsä pitää olla sellaista? Ja miksi minä ajaudun kerta toisensa jälkeen mukaan omituisiin kolmiodraamoihin, joissa itsekin joudun ikäänkuin syytetyksi, vaikka olen vain halunnut olla kaveri pariskunnan molempien osapuolien kanssa ja lojaali molemmille? Kenenkään miestä en ole ollut viemässä, pitäkööt kapiset ukkonsa.

"Kevätsiivouksen" lopultakin loputtua olo oli huoleton tänään, lakkasin kynteni ja puin leningin päälle ensimmäistä kertaa vapun jälkeen. Aurinkokin suvaitsi paistaa. Kävin kaupungissa, siellä oli jälleen sotilasmarssi- ja soittokuntaesitys. Tällä kerralla esiintyi kaksi skotlantilaista soittokuntaa. Ohjelma kesti tunnin ja kivahan sitä oli katsella ja kuunnella. Kotiintultua näin, että tilaamani kirja oli tullut lainastoon, hain sen, söin eilisiä ruoanjämiä ja aloin lukea. Ei siihen mennyt kuin puolitoista tuntia, kirjassa oli vain 148 sivua. On myönnettävä, että teksti oli kehittyneenpää kynän käyttöä, kuin minun päiväkirjasepustukseni. Mutta enhän minä pyri olemaan kaunokirjallinen, enkä osaakaan.

Poika oli tullut kotiin minun ollessani kaupungissa. Olin huomannut, että videofirma tarjosi kaikkia filmejä kympillä kappale, joten annoin hänen käydä hakemassa itselleen mieluisan leffan. Itselleni riittää telkkari, katson harvoin vuokrattuja elokuvia.

tiistaina 16. heinäkuuta

Lähdin heti aamulla työnvälitystoimistoon hakemaan uutta sinistä korttia. Systeemit olivat muuttuneet, eikä enää eroteltu toimisto-, rakennus ja muita työntekijöitä. Kaikille oli yhteinen lappusysteemi. Vuoroani odotellessani juttelin erään ikäiseni naisen kanssa. Hän oli juuri suorittanut ATK-ajokorttikurssin, jonka sanoi olleen vaikean ja huonosti järjestetyn. Hänet oli suurinpiirtein pakotettu tietokonekurssille, jollaiselle minä en ole päässyt sitkeästä yrittämisestäni huolimatta. En lannistu.

Lopulta pääsin parrakkaan toimihenkilön luukulle. Hän kertoi itsekin olleensa pitkään työttömänä. Mies suositteli minulle aamu-uinteja uimahallissa, ne maksavat työttömille vain kymmennen markkaa kerralta. Pyysin häneltä muutamia kurssihakemuslomakkeita, jotka täytän huomenna urakalla. Jotakin on hyvä olla aina vireillä!Työkkärin jälkeen kävin läheisessä Prismassa, josta ostin itselleni kahdet kangaskengät vajaalla sadalla markalla ja halvinta amerikkalaista hajuvettä, jonka tuoksu onneksi miellyttää minua. Ostin vielä litran mansikoita, joista teen kakun valmiille kakkupohjalle, kun ei niitä vadelmia löytynyt.

Bussipysäkille kävellessäni eräs mies tervehti minua. Hän kysyi: "Missä me ollaan tavattu, oletko sinä Raija?" Sanoin, etten ollut, mutta että hänkin puolestaan näytti minusta jotenkin tutulta. Juttelimme jonkun verran, jonka jälkeen hän pyysi minua "olusille", koska seisomme juuri ravintolan edessä. Kieltäydyin kutsusta, mutta olin kuitenkin pollea siitä, että vielä joku mies on kiinnostunut meikäläisekin seurasta!
Hän oli siisti keski-ikäinen, hoikka, aika ryppyinen mies, selvinpäin, ainakin vielä siinä vaiheessa.

Minulla on miesseuraa täällä kotonakin, koska oman teini-ikäiseni lisäksi täällä ovat Sami ja Matti, joka on edellisiä hieman vanhempi ja juuri tullut riparileiriltä. Konfirmaatio on ensi pyhänä, mutta ennen sitä hänet täytyy kastaa ja kummitkin hommata.

Vanhemmat olivat liittyneet takaisin kirkkoon vasta äskettäin. Saa nähdä, mihin ratkaisuun minun poikani päätyy. Mikäli hän haluaa käydä rippikoulun, minunkin pitää liittyä kirkkoon ja tulee lisäkulu kirkollisverostakin. Vasta 16-vuotiaana saa itse päättää haluaako olla kirkon jäsen.

keskiviikkona 17. heinäkuuta

Parveke oli jäänyt omiin oloihinsa, joten siivosin sen tänään. Pojalla on jo miehen voimat, hän sai parvelaatikoiden koukut taivutettua kunnollisesti. Tähän asti lodjut olivat henganneet mitenkuten partsin reunalla. Seuraavaksi läksin polkemaan pyörällä Keravalle. Laitoin sortsit jalkaan, että saisin koipiini vähän rusketusta. Asuvalintani oli väärä, vastaantulijoilla oli tuulipuvut. En ole kyseisiä vaatekappaleita koskaan rakastanut, tuulipuvun takki minulla kuitenkin on, mutta kahisevia housuja en suostu laittamaan jalkaani. Vaikken mikään vakoilija olekaan, haluan liikkua äänettömästi. En siedä kopisevia kenkiäkään.

Kävin kahdessa tavaratalossa ja tajusin, miltä neukuista on tuntunut länteen tultuaan: tavaranpaljous on valtava, mutta rahaa, millä jotakin voisi ostaa, on vain jokunen kymppi. Alennusmyynnit jatkuvat, joten olisin löytänyt hyvääkin tavaraa edullisesti. Mutta kun ei, niin ei. Ostin vain jotakin pientä hömppää elintarvikkeiden lisäksi, että jäisi sellainen tunne, että olen ollut soppailemassa. Takaisintullessa alkoi sataa puolivälissä matkaa ja vastatuuli oli kylmä. Nivelrikkoista polveani alkoi vihloa. Väsyin ja palelin niin paljon, että nukuin pari tuntia sohvalla reissun jälkeen. Onneksi pääsen kohta lenkkisaunaan lämmittelemään.

70

torstaina 18. heinäkuuta

Mitä väliä, vaikka sataa jatkuvasti, kuitenkin on kesä ja vihreätä! Muistelen, että viime kesänä, joka oli kuuma ja kuiva kesä, alkoivat koivujen lehdet jo näihin aikoihin kellastua. Pihlajanmarjojen kehitystä seuraamalla näkee hyvin, missä vaiheessa kesää ollaan, paremmin kuin muista luonnonilmiöistä. Nyt sain kaipaamaani yksityisyyttä koko illaksi, koska poikani lähti puolestaan Keravalle Samin ja tämän isoveljen kanssa. Eilenkin veljekset olivat meillä ja poislähtiessään illalla eivät olleet sulkeneet asuntomme uloimpaa ovea. Joten, aamulla avatessani sisäoven näin, että ulko-ovi rehoitti levällään. Aamun lehti oli paikallaan kynnyksellä, eikä yön aikana ollut tullut ylimääräisiä vieraita sisälle! Poika oli puolestaan teljennyt vahingossa toisen kissan parvekkeelle yöksi. Raukka oli siellä naukunut, mutta eihän se makkareihin asti kuulunut.

Aamupäiväni meni ruoan valmistuksessa. Tarjousjauheliha on pakattu puolen kilon pakkauksiin, josta meidän perheelle saa valmistettua kaksi tai kolme ruokalajia. Nyt tein kaalilaatikon ja jauhelihapitsan. Iltapäivällä olin tuttavani Tiinan luona kylässä, koska hän soitteli ja pyysi minua tulemaan. Tämä itseäni nuorempi nainen on aika jännä tapaus. Nuoruudessaan hän liikkui porukassa, jossa oli kaksi hänen serkkuaan, joista naispuolinen on jo kuollutkin, sekä muutama muu lähiön kapinallinen. Porukka puljasi huumeiden kanssa, mutta hassiksen poltteluksi se Tiinan osalta jäi. Niihin aikoihin hänen isänsä ryyppäsi ankarasti ja äiti oli hoidettavana mielisairaalassa, eikä hoidosta koskaan poispäässytkään. Isä raitistui AA:n avulla ja meni naimisiin toisen raitistuneen alkoholistin kanssa.

Hurjan nuoruutensa jälkeen Tiina on elänyt ihan porvarillisen elämän, ollut jo kaksitoista vuotta saman miehen kanssa ja töissä valtiolla. Nyt on sitten lapsikin, joka on hyvin pirteä tyttö. Ruoan mättämistä suuhun ja vaipan vaihtoa, sitähän se elämä pienen lapsen kanssa on.

71

Raskasta ehkä, mutta loppuu kuitenkin liian nopeasti! Vein lapselle eilen ostamani yöhaalarin ja Tiina antoi minulle raparperejä, jotka olivat hänen isänsä omakotitalon pihalta.

Tämä yllättäen tullut yksinäisyys iskee päälle: kaikki tekemäni möhläykset hamasta lapsuudesta asti vyöryvät muistiin. Minun syntini ovat aina minun edessäni, niinkuin raamatussa sanotaan. En tahdo kestää omaa seuraani selvin päin, mutta mitä sekään auttaa, jos rupean ryyppäämään yksinäni? Vielä pahemmin kaikki kamaluus pyörisi päässäni. Joten, teen vain yhden tukevan paukun, katson televisiota ja sitten käyn nukkumaan.

perjantaina 19. heinäkuuta

Radiossa mainostettiin, että sunnuntai-iltapäivällä on naistentanssit eräässä ravintolassa. Houkuttelen Mollan mukaan, koska en halua yksin mennä. Jotakin päällepantavaa pitäisi kuitenkin ostaa sitä ennen. Mutku.. rahat on vähissä. Lähden kohta viemään pari kurssihakemusta työkkäriin ja käyn samalla tarjoustalossa katsomassa, löytyisikö dödöä ja kissanhiekkaa halvalla. Rintsikatkin olisi hyvä löytää, tissit ovat taas kipeät ja pingottavat, eivät tahdo mahtua enää näihin D-kuppeihinkaan. Miksi hormonitoiminnan pitää olla säännöllistä vielä tämän ikäisellä ihmisellä, vaikkei ole mitään seksuaalista toimintaakaan? Mutta, sitten minä vasta taidan olla todella helisemässä, kun vaihdevuodet oikeasti alkavat..

Poika on lähdössä keravalaisten veljesten kanssa Stadiin johonkin harrastusliikkeeseen. En mielelläni päästäisi häntä, mutta onhan vanhempi veli käynyt jo rippikoulun, joten luotan, että hän pitää nuorempiaan silmällä. Eilen vein vanhan sähkökirjoituskoneeni roskikseen, koska ilman autoa sitä olisi ollut hankala viedä kierrätyskeskukseen. Rikkihän se oli ja korjaus olisi maksanut noin viisisataa markkaa. Ikivanhan keltaisen Brother-matkakirjoituskoneeni aion vielä joskus korjauttaa. Se on ollut uskollinen ystäväni jo kauan.

Kuulin uutisista, että New Yorkin lähellä oli pudonnut mereen jumbojetti. Olen aina pitänyt Atlantin ylitystä vaarallisena reissuna, tehtiinpä se sitten lentokoneella tai laivalla. Eipä silti, olen vielä hengissä, vaikka kerran olen Isossa Ompussa käynytkin. Mutta, vajaan vuoden sisällä matkastani samanlainen PanAmin jumbojetti räjähti Skotlannin yläpuolella. Toista kertaa en Jenkkeihin pääse näillä näkymillä, muuten kuin unissani, joten omalta kohdaltani ei ole syytä huoleen. Tulee kuitenkin ajateltua väkisin niintä ihmisraukkoja, jotka räjähtäneessä koneessa olivat! Nykyajan lentokoneet ovat niin suuriakin.

73

maanantaina 22. heinäkuuta

Atlantaa, Atlantaa - koko ajan atlantaa! Kun minä olin lapsi, eikä jääkaappeja ollut, kahviin ostettiin hyvinsäilyvää rasvasekoitetta, jonka nimi oli Atlanta. Muistan vielä, millaiselta pullo näytti. Myöhemmin Atlantasta tuli minulle Tuulen viemän kaupunki. Suomen mitalisaalis Atlantan olympialaisissa on siirtynyt epävarmoihin saataviin. Mutta sitä kompensoimaan on Kittilässä tehty suuri kultaesiintymälöytö. Itse en ole urheiluhullu, vaikka muuten olenkin hullu. Suomalaiset ovat urheiluhullua kansaa. Onhan urheilulla sijansa joka kansakunnan elämässä, mutta ei urheilijoille pitäsi asettaa kohtuuttomia vaatimuksia, eikä ottaa tappioita kohtuuttoman raskaasti. He eivät ole mitään titaaneja, vaan epäonnistuminen on inhimillistä.

Perjantaina suurin osa päivästäni meni kurssi- ja työnhakuhommissa. Täytin käsin kolme kurssihakemusta, koska enää ei ollut kirjoituskonetta ja poljin pyörällä viemään ne Työnvälitystoimistoon. Tietenkin tulin paikalle juuri silloin, kun virkailijat olivat ruokatunnilla, mutta käytin sen ajan hyväkseni selaamalla päätteeltä Helsingissä avoinna olevia työpaikkoja. Niitä oli kaksisataa, joista vajaa kymmenen oli sellaisia, joihin minulla olisi joitakin edellytyksiä päästä. Tulostin neljä kohdetta, yhteen soitin heti kotiintultuani. Kyseessä oli vuorotteluvapaiden tuuraajan paikka Lääninhallituksessa. Mies, jonka kanssa puhuin, neuvoi lähettämään vielä kirjallisen hakemuksen. Tein sen heti ja vein samantien postiin. Vaikka arvaankin vastauksen jo nyt, haluan yrittää.

Olin sattumalta nähnyt Mollan työkkäristä tullessani tarjoustalossa perjantaina, koska hänellä oli ruokatunti. Puhuin naistentansseihin menosta sunnuntaina, mutta Molla ei innostunut asiasta. Hän haluaa olla edelleen sellainen sulotar, jota miehet kilvan rientävät hakemaan, eikä hän itse halua olla aktiivinen asiassa. Minulta miehet puolestaan pyytävät vain tupakkaa.

Olen kai niin vanhan nikotinistin näköinen, että pummit ovat kimpussa heti kun nenäni ovesta ulos pistän, vaikka en ole eläissäni sauhutellut. Tupakoivien naisten sanotaan tulevan ryppyiseksi aikaisemmin, kuin tupakoimattomien, joten on epäreilua, että olen paljon ryppyisempi kuin Molla, joka on käryttänyt vuosikymmeniä!

Sunnuntaina tapahtui sellainen ihme, että olin uimarannalla, jossa ei tänä kesänä ole tullut oleiltua. Ei siellä muita aurigonottajia, kuin minä ollut, vain muutamia lapsia polski vedessä. Parempi oli, että rannalla oli vähän porukkaa, ikivanhassa venähtäneessä uimapuvussani olin enempi epäesteettinen näky. Oli ihanaa vain löhötä auringossa! - Äsken soitti eräs entinen kurssikaverini, joka suunnittelee Pietarin matkaa ja pyysi minua mukaan. En tiedä, Pietari on minulle tuttu ja rakas kaupunki, mutta tässä taloudellisessa tilanteessa en taida pystyä lähtemään.

tiistaina 23. heinäkuuta

Voi itku! EU-urani katkesi alkuunsa, tänään tuli vahvistus. Hyvästi Brysseli! Arvasinhan tämän, koska vastaus viipyi näin kauan, mutta katkeralta tuntuu silti. Nöyryyttävintä oli, että englanninkielen osuus ei ollut kompastuskiveni, vaan olin mokannut suomenkielen testeissä! En osaa äidinkieltäni. En uskalla kirjoittaa enää mitään. Läheltä liippasi kuitenkin, sillä pistemäärä, jolla olisi päässyt jatkoon oli 20 ja minä sain 19,64. Sama juttu aikoinaan ylioppilaskokeissa, jäin kait yhden pisteen päähän reaalin laudaturista. Kunpa olisin päässyt Brysseliin edes puolen vuoden koeajalle, se olisi kohentanut talouteni täysin. Sihteerien palkka on noin 15 000 markkaa *(2500 euroa)* ja päälle tulee erinäisiä korvauksia!

Eilen tein kuuden kilometrin kävelylenkin. Vatsani oli kuin patarumpu ja toivoin kävelyn tuovan helpotusta tilanteeseen. Kävelin pitkin joenrantaa, mesiangervot tuoksuivat ja rentunruusut kukkivat. Näin vanhanaikaisia heinäseipäitäkin heinineen, jotka eivät taida kuivua näillä säillä. Liikunnallisesti on niin, että pyöräily ei kuluta juuri mitään energiaa, vaikka se onkin minulle suositeltava liikuntalaji huonojen polvieni takia. Täytyy ottaa ohjelmaan ne kymmenen kilometrin kävelylenkit, joita aikaisemmin harrastin. Energiankulutusta pitää lisätä, koska paino vain nousee.

Sain pöytään, ensimmästä kertaa tänä kesänä, mustikkapiirakkaa ja -soppaa. Keskenkasvuiset pojat tietävät kaiken, koska koluavat kaiken maailman paikat, joten minun poikani tiesi kertoa eilen, että mustikat ovat lopultakin kypsyneet. Hän oli tehnyt myös sellaisen havainnon, että lähimetsässämme on keltaisia lakkoja! En uskonut niitä näillä leveysasteilla olevan, joten lähdin katsomaan. Mutta, toden totta: soisessa maaperässä kasvoi noita pohjoisen herkkumarjoja. Eihän niitä paljoa ollut ja suurin osa oli vielä raakoja, mutta keräsin muutamia - ensimmäisen kerran elämässäni. Eivät mustikatkaan olleet täysin kypsiä, keräsin kuitenkin litran verran.

Minulla alkaa taas kissojenhoitohugi, koska Kissanainen sanoi lähtevänsä huomenna Meripäiville ja viipyvänsä siellä kolme päivää. No, onpahan taas pakko lähteä ovesta ulos, eikä jumittua sisälle.

keskiviikkona 24. heinäkuuta

Työ EU:ssa olisi ollut ainoa ja viimeinen mahdollisuus aloittaa uusi elämä. Nyt ei ole mitään. A Born Looser - se olen minä. Ruumiillisesti on paha olo, särkee, kirvelee, kutittaa ja vihloo jatkuvasti. Ei ole koskaan hyvä olo. Onko tämä jo vanhuutta? Kun olin lapsi, ajattelin että, jos saisin elää viisikymmenvuotiaaksi, se riittäisi minulle. Pelkäsin silloin vanhuutta, vaikka sen ajan yhteiskunnassa vanhuksillakin oli vielä oma ja arvostettu paikkansa. Nyt määräaikani on täynnä. Mitä on edessä? Rajallinen tulevaisuus. Ei rahaa, ei rakkautta, ei perintöä odotettavissa, eikä toisaalta jätettävissä pojalleni. On vain pakottauduttava hoitamaan näitä arkirutiineita ja olemaan haaveilematta mistään paremmasta.

Minut on luotu toimeliaaseen elämään eikä naispuoliseksi Oblomoviksi. Mutta, raskasta on, kun kotiaskareet ovat elämän päätyö, nyt kun lapsenikin pärjää jo melko omatoimisesti. Silloin, kun poika oli pieni, en saanut olla kotona. Hän oli vain kymmenen kuukauden ikäinen, kun menin töihin kurjaan työpaikkaani. En voi iloita mistään. En jaksa olla yksin, enkä toisten kanssakaan. Tänä aamuna kävin ruokkimassa kissanaisen eläimet. Omat kissani jäivät parvekkeelle keskenään siksi aikaa. Lähistön puskabaari oli täynnä porukkaa, juopoilla on aina lokoisat olot, varsinkin kesällä, kun tarkenee yötkin viettää ulkona.

78

torstaina 25. heinäkuuta

Voin iloita! Kunnollinen kesä tuli lopultakin, nyt kun sen tuloon ei enää jaksanut uskoakaan. Pari viikkoa lämpimiä ilmoja pelastaa koko kesän. Jaakko heitti kyllä tänään jo kylmän kivensä, mutta nythän vesien lämpeneminen vasta pääsee alkuun. Yritän uida viikonlopun aikana. Aurinkoa olin ottamassa eilen ja tänään, luin samalla pari tietyn suomalaisen naiskirjailijan kirjoittamaa romaania. Kirjoittaja on bisnesnainen ja kirjailija Pirjo Tuominen.

Kun eilen laahustin hietikolta kissanaisen elukoita ruokkimaan, kuljin eräiden tuttavieni talon ohi. Mieheen tutustuin yrittäjäkursseilla ja vaimoon hänen kauttaan. He huutelivat pihaltaan, että olenko löytänyt elämääni miehen? He olivat nähneet telkkarissa täsmälleen minun näköiseni naisen tulevan Tallinan lautalta ison miehenkorston kanssa. Valitettavasti jouduin sanomaan, ettei miestä ollut löytynyt, vaikka Tallinnassa olen käynytkin alkukesällä. Olen tusinatavaraa tai sitten minulla on kaksoisolento.

perjantaina 26. heinäkuuta

Illalla tuli pitkästä aikaa mieleistäni TV-ohjelmaa. Kesällä ei ole ollut juuri mitään katsottavaa Kesähäiden ja Todella upeiden lisäksi. Eilen, sen sijaan tuli toscanalaista keittiötä, Haminan tattoota, Savonlinnan oopperajuhlia ja Pavarottin haastattelu. Olisin halunnut ehdottomasta nähdä Tannhäuser -oopperan. Luultavasti sitä esitetään vielä tulevinakin kesinä Savonlinnassa, ehkä kerran elämässäni pääsen oopperajuhlille? Ehkä ylimääräistä rahaa ilmaantuu jostakin sen verran? Toiveajattelua. Illalla oli lyhyt ukkoskuuro, mutta ehdin käydä kissat ja linnut hoitamassa kastumatta.

Nyt on kostean kuuma ilma, jalkani ovat kuin lyijyä, eikä niitä tahdo jaksaa nostella. Olen kuitenkin lähdössä rannalle pariksi tunniksi. Poika lähti kaverilleen Matille, jonka isä on luvannut kuskata kundeja tietokonealan halpahalliin Haagaan. Aamuisella eläintenhoitoreissullani kävin nostamassa lapsilisän pienessä postikonttorissa, joka on sillä suunnalla. Kysyin, kauanko pankkitoiminta siellä mahtaa jatkua? Virkailija kertoi, että heille oli annettu tieto vain siitä, että konttorin lopettaminen tapahtuu syys-lokakuussa. Epätietoisuutta hän piti henkilökunnan kannalta huonona, varsinkin kun hänellä itsellään oli siitä jo aikaisempia kokemuksia. Nainen oli ollut aikaisemmin erään pienen toimipisteen toimistonhoitajana, jonka lopettaminen oli toteutettu erittäin karkealla tavalla. "Hyvä" posti ja Postipankki! Minullakin on ollut tili siellä pienestä lapsesta asti. Tähän saakka on saanut luottaa siihen, että "Postipankki auttaa aina.."

Aamulla tuli taas hylkäämiskirje. Minua ei oltu valittu mikronkäyttäjäkurssille. Tämä oli jo viides, jolle olen hakenut. Epänormaalia kirjeessä oli se, että siihen oli lisätty käsin kirjoitettuna tieto siitä, että jos haluan hakea vielä seuraavalle vastaavanlaiselle kurssille, hakemukseni pidetään voimassa! Pelkästään siitä mielihyvästä, että sain hieman inhimillisyyttä osakseni, pyysin pitämään hakemukseni voimassa. Mutta, seuraava järjestettävä kurssi ei ole täällä omassa kunnassamme.

Tosipaikan tullen tulee vain taloudellista tappiota siitä, että matkustan toiselle kurssipaikkakunnalle, sillä meno-paluumatka sinne maksaa 44 markkaa *(7,35 euroa)* ja kursseilta maksettava ylläpitokorvaus on vain 30 markkaa *(5 euroa)* vuorokaudelta.

Olen jälleen nähnyt unia. Toissayönä olin vaihteeksi olevinani Amerikassa opiskelemassa. En ole amerikkailaisuuden ihailija, eikä USA ole unelmieni maa. En ymmärrä, miksi unissani niin mielelläni oleilen siellä. Kahdeksankymmentäluvulla, ainoan lyhen vierailuni aikana, huomasin jopa paljon samankaltaisuuksia Neuvostoliiton kanssa, jossa olen lomillani matkustellut ja nähnyt yhtä sun toista. Suurvallat eivät eroa toisistaan niin paljon kuin yleisesti luullaan! Viime yönä näin unessa vanhoja työtovereitani vuosikymmenten takaa, joista en tiedä ovatko he enää elossakaan. Niissä merkeissä tapasin komean miehen, joka halusi minua ja minäkin häntä. Tapahtui kuitenkin onnettomuus, jossa miehen penis leikkautui irti. Uni loppui siihen, että heräsin ihmetellen, kuinka voimme tapahtuneen jälkeen jatkaa suhdettamme?

81

maanantaina 29. heinäkuuta

Tarvittiin suomalainen nainen taas tekemään se, mihin miehet eivät pystyneet, eli hankkimaan olympiakultaa ja vielä miehisessä lajissa, keihäänheitossa! Vaikken ole urheiluhullu, säväyttihän se mukavasti. Itse pidättäydyin kuntoilusta viikonloppuna, koska jalkani olivat väsyneet ja särkevät. Huonompi, useaan kertaan nyrjähtänyt, nilkkani on paljon toista paksumpi ja lisäksi samaan jalkaan on kasvamassa vaivaisenluu.

Lauantai-iltana houkuttelin Mollan terassille, edes yhden kerran tänä kesänäkin. Hiljaista oli paikallisella terassilla, mutta juotiin neljä tuoppia naiseen. Minun luonani olimme nauttineet ennen uloslähtöä litran verran sangriaa. Tehdessämme kotiinlähtöä terassilta Osuuspankin kulmalla seisoi nuori mies, joka sanoi:

"Anteeksi, saanko kysyä, PALJONKO TE YHTEENSÄ PAINATTE? Olen itse ollut aina laiha, joten asia kiinnostaa minua."

Molla sivuutti suvereenisti koko kysymyksen, mutta en minäkään pystynyt kysymykseen vastaamaan, koska tiesin vain oman painoni, Molla ei koskaan ole suostunut kertomaan omaansa. Hän on minua pidempikin, joten en ole varma, riittääkö yhteispainoksemme kaksisataa kiloa? Sanoin pojalle, että pitäköön suunsa pienemmällä pahempien seuraamusten välttämiseksi! Paha mieli jäi tuostakin episodista - minulle. Mollaa se ei näyttänyt hetkauttavan. Ajattelin, että oli hyvä, etten pystynyt lähtemään Mollan kanssa Espanjaan, niinkuin joskus oli aikomus, johan olisimme olleet nähtävyys ja yleinen ihmettelynaihe silläkin.

Sunnuntaiaamuna oli jonkinasteinen krapula, piti saada raitista ilmaa, ja läksin lähimetsään etsimään marjoja. Mustikat olivat hirveän isoja, nyt kun ne lopultakin kypsyivät, mutta vähän niitä oli. Joku muu oli ehtinyt puskat tyhjentää ennen minua.

En jaksa edes paljoa kerätäkään selkäni ei siedä kumartelua muuta kuin yhden litran verran. Siitähän saa jo kuitenkin ison piirakan, jonka leivoinkin eilen. Löysin myös muutamia sieniä, joista tein sienirisottoa. Keväällä, kun olin mukana Virossa poikani luokkaretkellä, virolaiset kyselivät, eikö Suomesta löydy mustikoita? Virosta kun tuodaan paljon mustikoita Helsingin kauppatorille myytäväksi. Sanoin, että mustikoita löytyy vaikka kuinka paljon Suomesta, mutta kerääjiä puuttuu.

Tänään maanantaina aloitin toimeni hyvissä ajoin, sillä minun piti soittaa Johanssonien ilmoitus Keltaiseen pörssiin. He myyvät aiemmin kesällä ilkivallan kohteena olleen autonsa, jonka hinta on 3500 markkaa *(585 euroa)* remontoituna. Johansson tulee itse paikalle perjantaina ottaamaan vastaan puheluita. Joskus minua tosiaan tympäisee heidän palvelemisensa ilmaiseksi.

Tästä tulikin mieleeni lyhytaikainen tuttavani, aristokraattinen hurmaajatar Angela Avonius, jonka olin tuntemattomasta syystä vihastuttanut. Vihoittelu tuli minulle täytenä yllätyksenä. Sanoin olevani liian hyväluonteinen, sanoakseni "ei", kun minulta pyydetään palvelusta. Jolloin Anglela huusi: "Et sinä mikään hyväluontoinen ole, VÄTYS, VÄTYS sinä olet!" Tapahtuneesta on lähes vuosi aikaa, mutta yhä, omaa itseäni ja arvoani, pohtiessani muistuu mieleen, että vätykseksi minua ainakin on tituleerattu. En ole täysin samaa mieltä Angelan kanssa, pidän itseäni kylläkin helposti masentuvana ja aloitekyvyttömänä, mutta en kuitenkaan vätyksenä. Pahalta sellaisen nimityksen kuuleminen tuntui ja pahalta tuntuu muistaa tapahtuma.

Tänään olen kuitenkin vätys, joka ei tiedä mitä tekisi. Tarkoitukseni oli kyläillä kahden vanhan tädin luona entisellä asuinalueellamme. Yritin soittaa muutaman kerran, mutta he eivät olleet kotona. Ehkä he ovat sairaalareissulla. Heidän perheessään on tänä vuonna kolminertaiset juhlat, koska Dora täyttää kesällä 95 vuotta, hänen tyttärensä Dolly 75 vuotta ja tämä poika puolestaan 50 vuotta.

Puhelinlaskut tulivat tänään, mutta ne olivat onneksi yhteensä vain 200 markkaa *(33,35 euroa)*. Sorruin taas tilaamaan tavaraa Anttilasta, vaikka lafkan toimitusjohtaja onkin määritellyt asiakkaansa idiooteiksi, ja sellaisina postimyynnin asiakkaita käsitelläänkin. Jostain syystä minä vain aina haksahdan tilaamaan postimyyntiluetteloista. Kaupoissa kierrellessäni en tunne samanlaista houkutusta ostosten tekoon. Sovittaminen on hankalaa ja hikistä, varsinkin kesällä.

Ulkona luonnossa heinäsirkkojen ja hepokattien kehitys on tänä vuonna myöhässä. Olin jo ihmetellyt, että olenko niin kuuro, etten kuule sirityksiä. Vielä kymmenen vuotta sitten sirkkojen siritys suorastaan pauhasi. Mutta tänä kesänä ei ole kuullut moni muukaan. Parvekelaatikossani kukkivat viime jouluiset hyasintit. Toisella kukintakierroksella ne jäävät pienemmiksi, mutta kierrätystä tämäkin. Ilma on kummallinen, välillä on ukkosta, vesi ryöppyää ja sitten taas paistaa aurinko.

Väsyttää. Yläkerran lapsi huusi taas moneen otteeseen viime yönä. Helpointa olisi asua talon ylimmässä kerroksessa, sillä niin monet yöt olen valvonut yläpuolellani asuvien takia. Ensin yläkerran lukaalissa asui kauhea turkkilais-suomalainen perhe. Itämaisen musiikin vingutusta läpi öiden ja märkien suurten mattojen roikotusta päivisin parvekkeen reunalla. Matot pimensivät olohuoneemme ja peittivät näköalan lähes kokonaan. Nyt ovat sitten nämä lapsenitkettäjät. Nainenkin huusi siellä suoraa huutoa yhtenä aamuyönä.

keskiviikkona 31. heinäkuuta

Tämäkin työttömyyden kuukausi on lähellä loppuaan. Kurkkuni on mielettömän kipeä. Pojallakin on nuha. Varmaankin vaivat johtuvat epävakaisista ilmoista. On jo hieman syksyn tuntua. Askartelen tänään keittiössä. Tein äsken jauhalihakastiketta tarjousjauhelihasta ja läksin senjälkeen mustikkaan. Kotiintultua leivoin mustikkapiirakan kakkumaiseen pohjaan ja sienipiirakan. Kerään aina tunnistamani sienet mustikoiden ohella. Kaupassa myytiin avomaan kurkkuja vajaalla kuudella markalla kilo. Ostin niitä puolitoista kiloa ja lisäksi tilliä ja sipulia ja tein säilykettä, relishiä, hienommin sanottuna, jota tuli neljä purkillista. Paprikoita kannattaa myös säilöä silloin kun ne ovat halvimmillaan. Pustan salaatti ja muut sen kaltaiset ovat kalliita tuotteita.

Ilma oli parantunut illaksi, joten läksin vielä lenkille. Kierstin tutun reitin vaihteeksi toisinpäin. Joki rantoineen oli kaunis ilta-auringon valossa, jopa meidän pieni uimarantamme näytti idylliseltä. Kotiin tultua jalkani olivat taas ihan poikki, mutta muuten ei väsyttänyt. Katsoin vielä telkkarista Emil Kosturican elokuvan "Mustalaisten aika". Olin nähnyt sen kerran aikaisemminkin.

torstaina 1. elokuuta

Kuukausi ei alkanut hyvin. Posti toi kielteisen vastauksen palkanlaskijan kurssille, jolle olin hätäpäissäni hakenut ja pankkiautomaatilla havaitsin, että päiväraha ei ollut tullut. Lapsilisärahoilla on sitten kitkuteltava viikko eteenpäin, taas kerran. Eihän siinä muuten mitään, mutta kun lauantaina olisi parit synttärit, joihin pitäisi viedä lahjoja ynnä kukkia.

Kirjoitukseni oli nyt naistenlehdessä, pahoitin siitäkin mieleni, koska se oli kauhea valitusvirsi ja toimitus oli lisäksi laittanut isoilla kirjaimilla insertin: "Ansiosidonnaisella pärjää paremmin!" En minä niin ollut kirjoittanut, eikä tällä minun pienellä ansiosidonnaisella pärjää mitenkään koko kuukautta.

Sossu ei maksanut sähkölaskuani, koska siellä oli laskettu päivärahani 21,5 päivän mukaan, vaikka olin saanut sitä vain kahdeltäkymmeneltä päivältä. Sain kuitenkin sata markkaa toimeentulotukea. Puutetta ja kurjuutta riittää tällekin kuukaudelle. Töitä ei ole, eikä kursseille pääse, mutta kaikesta huolimatta tunnen itseni ajoittain iloiseksi! K-kaupan asiakaslehdessä oli piirakkareseptikilpailu. Lähetin sinne tänään neljän piiraan ohjeet, mutta luultavasti ne ovat liian simppeleitä arvoisan raadin makuun, ja joku fetajuustoihmetys voittaa, niinkuin yleensä. Etsitään uusia ja jännittäviä makuja. Minulle leipomisen helppous on tärkein tekijä.

Olin saanut kutsun liiviläisen taiteen näyttelyn avajaisiin ja ennen lähtöä tuskailin vähäisen vaatevarastoni kanssa, perinaiselliseen tapaan. Minulla ei vain oikeasti ole mitään päällepantavaa. Mutta, tarkastellessani näyttelyssä suomalaista kesäeleganssia, tulin siihen tulokseen, että pärjäsin ihan hyvin teepaidassa ja puuvillableiserissäni. Avajaisissa tarjoiltiin samppanjaa ja taiteilija Baiba Damberg luki tervetulopuheensa suomeksi sekä esitti pari liivinkielistä laulua. Liiviläiset ovat häviävän pieni suomensukuinen kansa Latvian rannikolla.
Äidinkielenään liiviä puhuvat voi käsittääkseni laskea yhden käden sormilla.

perjantaina 2. elokuuta

On kohtuullisen hyvä ilma, joten kävimme Korkeasaaressa. En ollut siellä pariin vuoteen käynytkään, koska kyllästyin katselemaan pelkkiä rakennustelineitä ja tyhjiä häkkejä. En ole eläintarhojen enkä sirkuksen ystävä. Minusta ne ovat eläinrääkkäystä. Jouduin kuitenkin muuttamaan mielipidettäni Korkeasaaresta, sillä siellähän oli viihtyisää ja vihreää sekä tilavat häkit ja aitaukset. Eläimet ovat turvassa ja niitä hoidetaan, toisin kuin luonnossa, jossa ne ovat salametsästäjien armoilla. Tallinnan eläintarha oli taas niin karmea paikka, että toivoin, etten olisi ikinä siellä käynytkään. Vieläkin puistattaa. Siellä oli paljon suuria eläimiä, jotka kaikki olivat pienissä, ankeissa betoniputkissa. Eivät ne varmaan saaneet tarpeeksi ruokaakaan. Eläinraukat kärsivät silminnähden. Eläinten keskitysleiri se oli.

Eläimistä ihmisiin siirtyäkseni: suomalainen on tyhmin ihminen, mitä maan päältä löytyy, se tuli taas eläitarhassa selväksi. Meillä oli pojan kanssa eväät mukana ja eläimet katsottuamme menimme niitä syömään kallionnyppylälle, jossa tepasteli pari riikinkukkoa irrallaan. Kun olimme saaneet eväät esille, ohitsemme marssi kymmenhenkinen joukkio naisia ja lapsia. Ensin he tiirailivat riikinkukkoja ja sitten leiriytyivät piknikille puolen metrin päähän meistä, vaikka tyhjää tilaa olisi ollut paljon ympärillä! Minusta ei lyhyessä ajassa ole tullut sellaista eurokansalaista, että olisin nauttinut tungoksessa syömisestä ulkoilmassa.

Korjasimme kamppeemme ja siirryimme pojan kanssa vähän kauemmas puun alle. Olen mieluummin yksityisyyttään varjeleva metsäsuomalainen kuin small talkia heittävä euroihminen. Ei paikanvaihtokaan paljoa auttanut. Riikinkukot seurasivat meitä, joten päädyimme vielä näiden "ihanien ihmisten" valokuviin, koska he ryntäsivät kuvaamaan lintuja. Toista kertaa en suostunut paikkaa vaihtamaan heidän takiaan.

87

maanantaina 5. elokuuta

Tuli vietettyä jonkinlainen juhlaviikonloppu. Lauantaina oli Tiinan syntymäpäivät, olin niillä ja samaan aikaan poikani oli meidän pihasta erään pikkuskidin yhdeksänvuotispäivillä. Ylimääräisiä kuluja tuli, mutta hyvät olivat tarjoilutkin. Ei tarvinnut syödä kotona muuta kuin aamiainen ja välipala. Lisäksi viikonloppuna kylässämme oli kaksi happeningia, markkinat ja rokkitapahtuma. Varttuneelle väelle oli toritanssit, mutta sinne en päässyt, koska olin normaaliin tapaan keräämässä tyhjiä pulloja poikien kanssa. Tänään palautamme pullot kauppaan, toivottavasti poikani saa niistä jonkun kympin. Ilma suosi tapahtumia, sammakoista ennustajahan oli luvannutkin elokuuksi hyviä kelejä.

Koulut alkavat viikon päästä maanantaina. Eilen meille tuli pojan kanssa sananvaihtoa, ennen pullojen keruuta, koska minusta tuntui siltä, että hän on viettänyt koko kesän sisätiloissa tuskailemassa, ettei ole kavereita. Minun mielestäni taas heitä on nurkissa pyörinyt liian kanssa. Olin katkeroitunut Matin vanhemmille, koska poika on lähetetty jo vuosien ajan meille viikonlopuksi täysihoitoon, mutta oma poikani ei ole kertaakaan päässyt heidän mukanaan esimerkiksi mökille.

Onpa kirjaimellisesti kevyt olo, kun rahat eivät paina, kukkarossa on 6,10 markkaa *(yksi euro)*, käyttötilillä 0,02 markkaa ja lapsilisätilin saldo on 4,84 markkaa. Mutta, kun tilanne on pahin, on tehtävä jotakin repäisevää ankeuden vastapainoksi. Tein lisää velkaa, 25-prosentin vuotuisella korolla, ja hankin pojalle sekä itselleni ensi torstaiksi viikon matkan Turkkiin. Maksoin tuhat markkaa käteisellä ja loppu suoritus tuli matkatoimiston luottotilille.

Toivotaan, että matkasta tulee sen verran henkistä pääomaa, että tulevan syksyn ja talven taloudellisen ahdingon ja vastoinkäymiset jotenkin jaksaa. Kesällä 1993, kun minut irtisanottiin, olin myös varannut Turkin matkan,

88

jolle oli ollut tarkoitus lähteä siskoni kanssa. Irtisanomisen jälkeen vauhkoonnuin niin paljon toimeentulosta ja kaikesta, että peruin matkan heti. Ehkä olisi pitänyt vain tehdä se, olisihan ollut jotakin, mitä muistella ankeina työttömyysvuosina.

Kissanomistaja on luvannut lainata minulle 500 markaa *(83,50 euroa)* käyttörahaa viikoksi ja tarpeen tullen pitää nostaa matkatoimiston luottotililtä käteistä. Koska elämä ei ole loisteliasta täälläkään, pärjää matkoilla pienellä budjetilla. Nyt, lopultakin, minut on hyväksytty mikronkäyttäjäkurssille, sinne toiselle paikkakunnalle. Kuukausilippu maksaa 464 markkaa *(77,35 euroa)*, joten kulukorvaus ei riitä sen maksamiseen. Mutta, koska olen jo niin monta kertaa yrittänyt, paikka on otettava vastaan. Kurssi alkaa kahden viikon kuluttua, onpahan sitten turvallisempi olo puolen vuoden ajan. Saa aamulla lähteä ja illalla tulla.

tiistai 6. elokuuta

Löysin eilen kourallisen kypsiä vadelmia, kun menin käymään Johanssonien kämpillä. Heidän Kela-hakemuksensa pitäisi postittaa 13. päivänä, mutta minähän olen silloin Turkissa. Postitan sen vasta tultuani, 16. päivänä. Eivät he nälkää näe Tallinnan asunnossaan, vaikka sosiaaliturva Suomesta tulisikin muutaman päivän myöhässä. Takaisintullessani keräsin vielä mustikoita lenkkipolun varresta. Tarjosin kerätessäni itikoille ruokailun "seisovasta pyödästä", koska minulla oli lyhythihaiset ja -lahkeiset vaatteet päällä. Näin toisenkin marjastajan. Metsässä on oma tunnelmansa, oma rauhansa, vaikka moottoritien kumu kuuluukin ja lentokoneet jylläävät pään päällä. Ne äänet kuitenkin ovat nykyistä elämänmenoa ja tuovat jonkinlaisen turvallisuuden tunteenkin.

Matkaoppaassa varoitettiin, että Turkissakin on hyttysiä. Otan mukaan sähköllä käyvän hyönteiskarkoittimen, jonka jouduin aikoinani ostamaan Kreikan saarella Samoksella yöunien turvaamiseksi. Pahin riesa hyttysistä oli viime syksynä Pietarissa, koska siellä ötökät majailivat sisätiloissa ja viemäreissä. Matka on jo lähellä. En ole tuntenut koskaan lentopelkoa (paitsi Atlantin yllä), sen sijaan karmea huvitus, jossa lennetään vähän matalammalla, on Benji-hyppy. Suomessa ei enää pärjätä missään ulkoilmatapahtumassa ilman nosturia. Sellainen oli täälläkin rokkitapahtumassa. Riippujia riitti. Minusta se oli groteskia: toiset keräsivät maassa tyhjiä pulloja saadakseen rahaa ruokaan ja toisilla oli varaa lennellä nosturinnokassa pää alaspäin kahdensadan markan edestä.

keskiviikkona 7. elokuuta

Mitä on yksi viikko elämässä? Mitä on yksi viikko elämässä työttömänä? Ei siitä paljoa muistikuvia jää. Sen tähden aloinkin kirjoittaa tätä päiväkirjaa, että tietäisin jälkeenpäin, miten olen tämän vuoden viettänyt. Kirjoitan vain arkipäivinä, koska päivärahaa maksetaan viideltä päivältä viikossa. Viikonloput ovat omaa, ilmaista, aikaani. Lomaviikko ulkomailla säilyy mielessä paljon kauemmin, ehkä elämän loppuun asti. Lomalla elää jokaisen päivän erikseen ja jokaisesta jää muisto. Se on täyttä elämää! Lomat ovat elämän suola. Kun muistelen lomiani, muistan myös minkäikäinen olin silloin. Usein nykyään ajattelen, että olin täysi houkka nuorempana, koska en ruvennut hankkimaan omistusasuntoa, niin kuin muut. Halusin vain nähdä maailmaa. Minkä taaksensa jättää, sen edestään löytää. Kyllä kansa tiesi jo silloin. Nyt minulla ei ole asuntoa, autoa eikä töitäkään.

Matkoilla saamaani henkistä pääomaa (hienosti sanottuna) en pysty työelämässä hyödyntämään. Työnantajia ei kiinnosta missä minä olen matkustellut. Harvan ihmisen kanssa pystyn muutenkaan keskustelemaan siitä, minkälaista oli Armeniassa ja Gruusiassa neuvostoaikana. Kukaan ei ole niissä käynyt, itseni lisäksi, eikä ketään huvita kuunnellakaan. Olen kuitenkin iloinen, että kävin niissäkin paikoissa, nykyään se on liki mahdotonta, tai ainakin erittäin kallista!

Harmittaa rankasti! Matkatoimisto ilmoitti tämän päivän lehdessä myyvänsä Turkin matkoja vajaalla tonnilla! Olisinpa minäkin saanut niin halvalla, niin ei olisi niin paljoa velkaa maksettavana talven mittaan. Huonoa tuuria minulla riittää. Toisaalta, emme olisi voineet tämän myöhemmin enää matkaan lähteäkään pojan koulun takia. Uskon tehneeni oikean päätöksen. Poika on uinut tänä kesänä vain kerran ja odottaa nyt innolla uimista. Toivon, että hänelle löytyisi ikäistään seuraa lomalaisten joukosta!

91

Ilonaihe puolestaan on, harmituksesta huolimatta se, että painoni on pudonnut kaksi kiloa kahdessa viikossa vähennettyäni syömistä ja kävelylenkkejä lisättyäni. Veikkaan, että jouluun mennessä olen saanut vielä muutaman kilon pois, yksinkertaisesti siitä syystä, että rahaa ruokaan ei ole. En pysty enää mitään muita kuluja vähentämään kuin omia ruokamenojani, jotka tosin eivät monta markkaa päivää kohden ole olleet tähänkään asti.

Kävimme tänään hakemassa muusiikkiopistosta pojan vapaaoppilashakemukseen tarvittavia lomakkeita. Pojan pitää lähes suoraan lentokentältä mennä ilmoittautumaan teorian opetukseen ensi torstaina. Kävimme myös kirjastossa, josta poika lainasi lomalukemista ja minä luin naistenlehtiä. Huomenaamuna on lähtö, toivottavasti heräämme ajoissa jo ennen viittä. Perillä Turkissa olemme aikaisesta lähdöstä johtuen jo yhdentoista aikaan. Matkaliput pitää lunastaa kentältä aamulla. Toivottavasti saamme perillä leikkautettua pojan hiukset edullisesti.

torstaina 8. elokuuta

Hyvin pääsimme pojan kanssa bussilla lentokentälle. Lunastettuani lentoliput, etsin pankkiautomaatin ja tarkastin, oliko päiväraha tullut. Tällä kerralla se oli tullut ja minua harmitti, etten ollut ottanut laskuja mukaan, kentällä oli myös maksuautomaatti, joten olisin saanut kaikki maksettua ajoissa. Nostin 300 markkaa *(50 euroa)* matkakassaksi Kissanomistajalta lainattujen viidensadan lisäksi. Katselin taxfree-hintoja ja totesin ne omalle kukkarolleni liian kalliiksi, mutta ostin kuitenkin pienen pullon viskiä ja pojalle karamelleja. Jouduimme vähän aikaa odottelemaan koneen lähtöä. Havaitsin, että paljon oli naapurimaan porukkaa lähdössä mukaan. Tosi oli: vaikka kone (MD 83) tuli vain puolilleen täyteen, siitä vähästäkin porukasta puolet oli venäläisiä. Hehän käyvät ahkerasti osto- ja muilla bisnesmatkoillaan Turkissa ja käyttävät suomalaista matkatoimistoa ja lentoyhtiötä.

Lento sujui hyvin, ja koska ilma oli kirkas, pystyimme katselemaan alhaalla näkyviä maisemia suurimman osan matkasta. Meren yllä ei onneksi paljoa lennetty, sillä olen aina pelännyt erityisesti mereen putoamista. Itä-Euroopan yli oli suorin reitti, joten jo yhdentoista paikkeilla laskeuduimme Dalamanin sotilaslentokentälle. Venäläisille oli oma maahantulotarkastus. Lämpö suorastaan hulvahti päällemme kun pääsimme terminaalista ulos. Oppaat neuvoivat siellä ihmiset oikeisiin busseihinsa.

Meidän bussimme oppaan puheesta kuuli, että hän oli Kaakonkulmalta Suomesta kotoisin, vaikka olikin asunut Turkissa jo kymmenen vuotta. Bussissamme oli neljä venäläistä, kaksi naista keskenkasvuisine tyttärineen, joille oppaan piti vähän väliä selittää asioita englanniksi. Kuljettajan poika toimi rahanvaihtajana ja niin minustakin, työttömästä, tuli heti miljonääri, koska vaihdoin Turkin liiroja itselleni kahdellasadalla markalla.

Olin erittäin yllättynyt, että Turkki oli niin vihreä maa, tai ainakin kyseinen kolkka Turkista. Vuoret kasvoivat pinjamäntyjä sekä muitakin puita ja pensaita. Vihreämpää oli kuin Suomessa elokuussa, vaikka sateetonta aikaa oli kestänyt jo toukokuusta asti. Pohjavesi riittää kuulemma hyvin kasteluvedeksikin.Olin vähän päästäni pyörällä kun tulimme hotellin luokse, sillä ihmettelin aidalla liehuvia itämaisia mattoja. Lisäksi hotellin vastaanotto oli erillisessä kioskin tapaisessa pömpelissä.

Saimme hyvän kaksion talon kulmauksesta. Tilaa on noin 35 neliömetriä ja suuri parveke on uima-altaalle päin. Sieltä voi seurata elämää myös vastapäisessä hotellissa ja kadulla. Venäläinen naisporukka asuu viereisessä huoneistossa. Minua ei enää harmita matkan hinta, koska ne, jotka olivat saaneet matkansa alle tonnilla saivat huoneet takapihalle päin, jonne ei koskaan paista aurinko. Toisaalta ei sinne kuulu metelikään.

Pian olimme jo uimassa ja altaalle tulivat venäläiset tytötkin aikansa parvekkeelta kuikisteltuaan. Uinnin jälkeen ohjelmassa oli tervetuloristeily, joka maksoi 10 markkaa *(1,70 euroa)* henkilöltä. Kokoontuminen risteilylle oli matkatoimiston toimipisteessä. En ollut vielä hahmottanut, miten pitkä matka hotellilta keskustaan on, joten läksimme liikkeelle liian myöhään. Oli kamalan kuuma, neljäkymmentäkaksi astetta plussaa ja matka oli kolmisen kilometriä. Poikani oli aivan läkähdyksissä, kun pääsimme perille, mutta emme kuitenkaan myöhästyneet.

Porukalla menimme läheiseen satamaan, jossa odotti kaksikerroksinen risteilyalus. Siinä oli kyltti: "Long Size Jafetin vene". Ihmettelin pojalle ääneen veneen nimeä ja sitä, eikö Jafet ole juutalainen nimi? Noin nelikymppinen lihavahko turkkilainen mies sanoi suomeksi: "Se olen minä. Voinko jotenkin auttaa? Onko nimessä jotakin kummallista?" Minä vastasin vaisusti, ettei ollut mitään kummallista, mutta pidin miestä aika epämiellyttävänä.

Poikani sanoi: "Suomalainenhan tuo tyyppi on."

Risteilyn aikana selvisi, että veneen omistaja olikin asunut kymmenen vuotta Oulunkylässä ja halveksi kaikkia "Kehä kolmosen väärällä puolella asuvia". Vaimo oli miestään nuorempi, paksu suomalaisnainen, jolle turkkilainen ruoka näytti myös maistuneen. Pariskunnan jälkikasvuakin oli risteilyllä mukana muutama kappale.

Kävimme vielä auringon laskeuduttua vuorten taakse iltauinnilla. Huomasimme silloin kissan erään aurinkotuolin alla. Poika sanoi, että kissalla oli vain yksi silmä. Se oli muutenkin aika erikoisen näköinen: toinen puoli naamasta oli vaalea, silmä oli sillä puolella. Toinen puoli oli tumma ja silmän paikalla oli vain jonkinlainen viiru. Näin, että se raukka oli raskaana oleva tyttökissa, joka muistutti dromedaarin pienoiskappaletta paksun mahansa ja pitkän kaulansa kanssa. Kun olimme lähdössä, kissa tuli hiljaisella äänellä naukumaan ja pyytämään ruokaa. Haimme sille asunnostamme Suomesta tuotujen eväiden jämiä, jotka se söi todella ahneesti.

perjantaina 9. elokuuta

Aamulla lähdimme kävelemään kaikessa rauhassa (tällä kerralla) keskustaa kohti. Pojan piti saada hiusten leikkaus. Ensimmäinen parturi, jonka buljuun kurkkasimme, olisi repinyt pojan väkisin sisälle. Parturi oli nuori ja suomea puhuva, mutta sanoin hänelle, että tulisimme vasta seuraavana päivänä. Jouduimme taas satamaan ja näimme eilisen paatin siellä. Isäntäväki marssikin parhaillaan alukseensa kuin mitkäkin ruhtinaat. Leuhkat eväät toisilla. Mutta ei siinä vielä mitään. Seuraavaksi näimme henkilön, jonka kyllä tiesin oleilevan paljon Turkissa, tässä nimenomaisessa kohteessa, nimittäin Maalarimestari Sutkin. En minä yleensä ihmisiä pakoile, mutta tätä henkilöä en halunnut kohdata.

Sutki oli viime talvinen, lyhytaikainen työnantajani. Päädyin Sutkin maalausliikkeen toimistoon erään tuttavani kautta, jolle omistajat olivat valitelleet, etteivät löydä mistään toimistoapulaista. Tehtäväni oli laskuttaa käsin työsuoritukset, tuntipalkaksi sovittiin 40 markkaa *(6,70 euroa)*, koska Sutki ei ollut halukas maksamaan enempää ja se riitti minulle. Selvisi, että yritys oli tehnyt konkurssin, mutta jatkoi toimintaa entiseen malliin uudella toiminimellä. ATK-laitteet ja muu toimistotekniikka olivat vanhan yrityksen nimissä, siksi käsinlaskutus. Otin homman vastaan sillä periaatteella, että kunhan laskutus saadaan koneelle, olen työni tehnyt. Myöhemmin minulle vihjailtiin mahdollisuudesta pitempäänkin työsuhteeseen. Hain kuitenkin koko ajan erilaisille kursseille.

Toimistoa emännöi Sutkin merkonomiksi opiskeleva alle kaksikymppinen tytär ja pyöri siellä alvariinsa Sutkin äitikin. Lisäksi puheissa oli koko ajan mukana tyttären äiti, entinen rouva Sutki, joka oli ottanut mestarista eron. En tuntenut oloani kotoisaksi nuoren pirttihirmun pompoteltava. Kun sain tiedon kurssista, jolle vaadittin harjoittelupaikka, joka piti itse hankkia, kysyin Sutkilta, voinko jäädä heille harjoittelujakson ajaksi ilmaisena työntekijänä. Se sopi mestarille.

Papereita ei kuitenkaan silloin vielä allekirjoitettu. Kurssinjärjestäjän mokan vuoksi (tai neiti Sutkin juonittelujen) kaikki muutkin viisikymmentä kurssille hakenutta alkoivat soitella buljuun. Tällöin neiti Sutki päättikin valita minun sijaani jonkun muun, koska tulijoita oli kerrankin paljon.

Kun tulin viikonlopun jälkeen töihin, pöydälläni oli maalarimestarin omaperäisellä suomenkielellä kirjoittama lappu, jossa sanottiin, etten voinut jatkaa heillä harjoittelijana, koska en hallinnut myyntityötä, enkä tietotekniikkaa. Eniten minua harmitti taas kerran oma tyhmyyteni, että olin mokomille mennyt mitään ehdottamaankaan. Mielelläni sieltä erosin, koska tunsin olevani mukana rikollisessa touhussa. Sutkihan oli konkurssirikollinen, joka myös oli huijannut vakuutusyhtiöiltä hyvät rahat. Oleskellessaan Turkissa konkurssin jälkeen pitemmän ajan, hän oli telonut siellä kännipäissään itsensä. Vakuutusyhtiö oli hövelisti maksanut hänelle jopa hammasremontin. Toiselle vakuutusyhtiölle oli puolestaan ilmoitettu maalarimestarin kesäasuntoon Suomessa tehdystä murrosta ja kadonneesta arvokkaasta omaisuudesta. Korvaussummaa en tiedä, mutta sosiaalitoimistostakin hän oli saanut 30 000 markkaa *(5000 euroa)*, koska "hänellä ei ollut tuloja konkurssin jälkeen." Panee kysymään: kuka on tyhmä ja kuka viisas? Kyllä minä olen se tyhmä. Muultakin osin, kuin etten osaa myydä enkä hallitse tietotekniikkaa.

Poikani ei ymmärtänyt, mikä minulle tuli, kun luikimme äkkiä tien yli. Menimme sitten takaisin parturin luokse, joka nauroi: "Nytkö on jo huominen?" Hiustenleikkaus maksoi pari kymppiä ja annoin lisäksi runsaat juomarahat, koska palvelu oli nopeaa ja hupaisaa.

maanantaina 12. elokuuta

Kävin lauantaina leikkauttamassa oman tukkani. Kävelin vain ensimmäiseen hotellimme lähellä sijaitsevaan kampaamoon, jossa nuivahko englantia puhuva kundi leikkasi tukkani. Hinta oli yli neljäkymppiä Suomen rahassa ja myöhemmin tajusin maksaneeni liikaa. En antanut juomarahaa, koska hiuksiani ei tarvinnut pestä eikä föönata. Tulos oli kohtalainen, kun mallia ei muutettu. Minulle tarjottiin kampaamossa kaksi lasia teetä, ehkä olisi kuitenkin pitänyt antaa sitä juomarahaa..

Kaupungin perukoilla on linna, jonka on rakennuttanut alunperin Suleiman passa. Nykyinen rakennus on kuitenkin melko uusi, koska se on katastrofien jälkeen rakennettu uudestaan. Siellä oli hauska käydä, näimme riikinkukkoperheenkin. Basaareihin emme menneet, koska pelkäsin, että eksyisimme. Poika sai kävelyistä sellaisen kammon, että käytämme loppuajan pienoisbussia mennen tullen, koska hän ei suostu enää kävelemään. Kyyti ei ole kallista, maksamme yhteensä vain kolme markaa yhteen suuntaan. Illemmalla kävelimme kuitenkin pienen rundin hotellimme ympäristössä ja näimme sellaisenkin ihmeen, että loistohotelli, jonka nimi oli osuvasti Green Nature, sijaitsi alueen viimeisen pienen maatalon vieressä. Navetan haju tuntui kauas ja omituisen värinen, pienikokoinen lehmä oli laitumella maatilan vieressä. Heinäsirkat ja ties mitkä kaskaat sirittivät korviahuumaavasti.

Sunnuntaiaamuna oli tapahtunut se, mitä olin pelännyt: toinen silmäni oli muurautunut umpeen hyönteisten pistoista.
Onneksi olin ottanut kortisonisalvaa mukaan, joten turvotus tokeni päivän mittaan. Toinenkin riesa minulla oli, nimittäin kivulias suutulehdus, kielenikin tuntui olevan halki, kuin käärmeellä.. Pahin oli vielä kuitenkin tulossa. Kävimme meressä uimassa, jolloin korvani menivät lukkoon, enkä saanut vettä pois, vaikka kuinka hypin ja hölskytin. Kuulin vain sattumanvaraisesti.

98

Tänään olimme veneretkellä Caunoksessa, kilpikonnarannikolla. Oli eri tavalla mielenkiintoinen päivä, koska kuulin niin huonosti. Ääni tuli korviini monotonisesti, aivan kuin hiljaa olevasta radiosta. Tuntui, kuin olisi ollut pönttö päässä. Miellyttävä miesopas yritti keskustella kanssani, mutta eihän siitä mitään tullut, koska en kuullut juuri mitään. En saanut ääntä kurkustanikaan, vaan poikani joutui monta kertaa kysymään, mitä yritin sanoa. Normaalistihan kailotukseni kuuluu kilometrin päähän. Merikilpikonnia ei näkynyt ja ihme se olisikin ollut siinä moottorivene- ja ihmisruuhkassa. Poika poltti nahkansa, vaikka hän oli vedessä koko sen parituntisen ajan, jonka vietimme hiekkarannalla. Kotimatka oli yhtä tuskaa meille molemmille, mutta nähtiinhän kuitenkin Turkkia vähän laajemmalti.

tiistaina 13. elokuuta

Olotilani ei helpottunut, aamulla korvat olivat yhä tukossa ja olo suorastaan tuskainen. Pakko oli lähteä vakuutusyhtiön sopimuslääkärin luo. Vastaanotossa tyttö käski minun puhua englantia. Puhuin sitä tohtorillekin siihen asti, kunnes hän sai korvani auki. Lääkäri totesi molempien korvieni olevan täysin tukossa. Ensin korviin laitettiin poreilevaa ja vaahtoavaa ainetta ja sitten tohtori ruiskutti niihin suurella truutalla vettä.

Minulle selvisi, kuka ja mikä on homekorva, siinä vaiheessa, kun korvistani valui niihin viidenkymmenen vuoden aikana kertynyt home, merestä ajautuneen hiekan lisäksi. Korvat suorastaan paukahtivat auki ja kuulin koiran haukkuvan ulkona. Epätodellinen olo loppui. Turkkilainen tohtori osasikin suomea ja alkoi puhua minulle suomeksi kun olin palannut kuulevien kirjoihin. Olin vilpittömän kiitollinen. Sain korvatippareseptin ja samalla pyysin lääkitystä poikani palaneelle iholle. Poika oli odottanut minua odotustilassa.

Haimme lääkkeet läheisestä apteekista, ne maksoivat parikymmentä markkaa Suomen rahassa. Apteekin vieressä oli hampurilaispaikka, jossa ruokailimme ja menimme sitten odottamaan pikkubussia. Oli kuitenkin älyttömän kuuma, joten halusin juoda oluen läheisessä kuppilassa. Ravintolan nimi oli Eastwood. Olut oli siellä tarjouksessa, pitkä lasillinen maksoi vain pari markkaa. Tein tilaukseni englanniksi, jolloin pitkä, todella komea nuorimies, jonka tajusin paikan omistajaksi, katsoi minua vähän aikaa ja alkoi sitten puhua suomea. Täällä on helppoa asioida! Nuorukainen kertoi ihailevansa Kim Lönnholmia ja tämän laulua "Minä olen muistanut sinua paljon..", joka on omakin suosikkini. Kundi lauloikin kappaletta vähän matkaa.. Hänellä oli päällään erikoinen viritys, jonka hän kertoi itse tehneensä kahdesta teepaidasta, edessä oli suomalaisen oluen mainos. Illalla osallistuimme velvollisuudentuntoisesti hotellin järjestämään turkkilaiseen iltaan.

Minun piti lainata pojaltani 100 markkaa *(16,70 euroa)* sitä varten. Ruoka ei ollut kovin hääviä ja ainakin sitä oli melko vähän: turkkilaista salaattia, riisiä, ranskalaisia perunoita, lihaa ja vesimelonia. Hintaan sisältyi yksi drinkki. Pakollinen napatanssi oli kaukana alkuperäisestä, mielestäni sen tarkoituksena oli ainoastaan saattaa turistit naurunalaiseksi. Poikani oli kuitenkin otettu, kun tanssijatar istahti hänenkin tuolinsa käsinojalle, niinkuin aikuisten miesten. Illan huipennus oli se, kun turisteja tyrkittiin täysissä vaatteissa uima-altaaseen. Kaiken tämän olisimme nähneet omalta parvekkeeltammekin. No, kannatuksen vuoksi pitää osallistua kaikenlaiseen.

Meidän kissaystävämme, oli juhlissa kerjäämässä puolisonsa kanssa, joka muistuttaa meidän kotiinjäänyttä Onni-kissaamme. Kissanvihaajat kävivät moittimassa ja varoittelemassa poikaani kissojen silittämisestä. Välillä näytti jo siltä, että kissaystävämme ryhtyy synnyttämään, mutta vielä ei tullut kissanpoikasia ilmoille. Eilen ostin tulevalle emolle valintamyymälästä kissanruokaa, joka oli yhtä kallista kuin Suomessakin. Baarimikko näki, kun ruokimme kissaa ja kertoi, että hän oli käyttänyt eläintä eläinlääkärissä silmän takia. Toinen silmä, joka oli tulehtunut, oli poistettu. Hän kertoi, että kissan nimi on Sera ja että Turkissa on vain vähän eläinlääkäreitä. Ihmisten suhtautuminen eläimiin on yleensä välinpitämätöntä ja julmaa. Baarimikko pyysi meitä jatkamaan kissan ruokkimista lähtöömme asti. Hotellin omistaja ei siedä kissoja, mutta ei kiellä turisteja niitä ruokkimasta.

keskiviikkona 14. elokuuta

Minun piti käydä nostamassa matkatoimistosta kahdensadan markan verran rahaa, että saisin joitakin tuliaisia ostettua. Välityspalkkio oli kova: viisikymmentä markkaa! Kallista, mutta minkäs teet.. Köyhää on helppo rokottaa. Ostin yhden tupakkakartongin, josta saan rahat takaisin kotona, ja elintarvikkeita: hunajaa, karkkeja, teetä, keksejä ja sitten vielä yhden pullon paikallista rakia ynnä vermuttia. Hintataso oli suurinpiirtein sama kuin Virossa. Olen täällä ollessani juonut "vatsalääkkeeksi" pullollisen paikallista vermuttia (maistuu väljähtyneeltä glögiltä) ja pienen pullon paikallista konjakkia (maistuu samalta kuin kissankusi haisee). Olut on ollut kunnollista.

Turkkilaista ruokaa olemme syöneet vain pari kertaa, sillä olen ostanut valintamyymälästä sapuskaa huoneistoomme. Mitään teevettä sakeampaa en kuitenkaan ole keittänyt. Poika on ollut koko viikon hampurilaislinjalla ja ensimmäiset päivät söimme kotoa tuotuja eineksiä. Rahaa on mennyt kaikkiaan vähän oli tuhat markkaa. Illalla meillä oli taas juhlat, koska alakerran suomalaisen nuorenparin pikkupoika täytti vuoden. Kaikille suomalaisille tarjottiin terassilla täytekakkua ja kahvia tai teetä.

Venäläiset pikkulikat hihittelevät ja kimittävät kuin vähämieliset hotellin nurkissa. En jaksa suhtautua kovin suopeasti heihin. Naiset eivät näytä valvovan tyttöjen tekemisiä mitenkään. Alussa toivotin naisille aina hyvät huomenet ja tytöille sanoin "privet", mutta vastausta ei koskaan kuulunut. Katsoivat vain kuin lehmä uutta veräjää. Olkoot rauhassa omissa piireissään!

Uima-altaalla olen huomannut, että hotellin omistajalla on venakkojen kanssa bisneksiä. Hän kohtelee näitä, niinkuin he olisivat jonkinlaisia tsaarittaria. Venäläisethän rahtaavat paljon vaatteita Turkista myytäväksi esimerkiksi Pietarissa.

Omistajalla on hotellin lisäksi mattoliike, sen takia mattoja roikkuu aidoilla ja seinillä. Mutta, ei hän mattoja köyhän näköisille tyrkytä. Kerran kysyin omistajalta, olivatko ne lentäviä mattoja? Hän vastasi, että, "vain jos juo pullollisen rakia".

torstaina 15. elokuuta

Eilen illalla pakkasimme, joten ehdimme aamulla käydä vielä uimassa ennen bussin tuloa. Se tulikin heti uimisen jälkeen, koska lentokone oli etuajassa. Matka sujui kuin rasvattu ja lento kesti vain kolme ja puoli tuntia. Tuulet olivat suotuisia. Kone oli taas puolityhjä, vain joka toinen istuinrivi oli varattu. Mutta matkustusmukavuus oli luksusluokkaa, toisin kuin täysissä koneissa. Taakse jäi tuhannen ja yhden yön maa.

Täällä kotona haisi kissinpissiltä ja vähän samalta, kuin sen turkkilaisen maatalon läheisyydessä. Meidän Onnimme tunnuslause tuntuu olevan: I piss everywhere! Sillä on kai taas se iänikuinen rakkokatarrinsa, rahaa eläinlääkäriin ei nyt kuitenkaan ole. Kai se on sukuvika, koska veljänsäkin jouduttiin lopettamaan liian runsaan kuseskelun takia. Eilen hotellin miehet uhkasivat laittaa Sera-kissan mukanamme Suomeen. Sanoin, ettei niin pitkällä raskauden tilassa olevaa kissaa oteta lentokoneeseen, enkä pysty ylläpitämään kissafarmia. Se eläinkohtalo jäi askarruttamaan poikaani ja minua.

Paikallinen kissanainen ehti jo soittaa ja kysyä, milloin tulen maksamaan velkani? Minulla meni näet hieman aikaa tavaroiden purkamiseen ja kaupassa käyntiin, jolloin samalla hain rahaa automaatista. Hän on lähdössä viikoksi maalle Tiinan perheen mukana. Carlo, joka on jälleen työttömänä, on luvannut hoitaa heidän eläimensä. Annoin Kissanomistajalle vaatimattomat tuliaiseni, lainan maksun kanssa, mutta eiväthän ne miellyttäneet, tietenkään. Hän on henkilö, jolla on aina niinsanotusti turpa nurin.

Sain entiseltä anopiltani kortin Kapkaupungista. Rouva on kyllä viimeinen henkilö, jonka saatan Etelä-Afrikkaan kuvitella, mutta toivottavasti matkailu avartaa häntäkin. Kävin tänään tarkistamassa Johanssonien postit.

Sossu oli maksanut toimeentulotukea 300 markkaa *(50 euroa)*, niinkuin ennenkin.

Sähkölasku oli maksettu ja mahdolliset sairauskulut luvattiin korvata. Ihan kiva, ihan kiva, että joillakin on näin hyvä palvelu! Kait itsenikin pitäisi olla virolainen tai venäläinen "paluumuuttaja", ehkä minullekin oltaisiin silloin höveliäämpiä. Ilta kului tietenkin pyykinpesussa. Suomessa oli ollut koko viikon hyvät, jopa helteiset ilmat. Sehän se meininki on ollut hamasta ensimmäisestä etelänmatkastani asti. Mutta kun lämpötila ei ole ainut mikä merkitsee matkailussa, vaan tärkeintä on välillä päästä muihin maisemiin, ajattelemaan muita ajatuksia, kuin niitä, jotka kotona pyörivät päässä alituiseen.

perjantaina 16. elokuuta

On ollut kiireinen päivä. Poika lähti kouluun puoli kahdeksan aikaan. Itse olin herännyt kesken unien herätyskellon soittoon. Luokalla olikin retkipäivä, joka käytettiin pyöräilyyn ja uintiin, teoriatunteja ei ollut. Kevyt aloitus loman jälkeen, onneksi! Koululla on ruokala remontissa, koska se on yksi näistä surullisen kuuluisista homekouluista. Ihan hyvä koulu se muuten on, rakennus vain on sairas perustuksesta kurkihirteen, joten siellä oireilevat yhtä hyvin opettajat kuin oppilaatkin allergisesti, varsinkin talvella.

Itselleni olin varannut lääkäriajan. Tämä Omalääkäri -systeemi on ihan hyvä. Aikaisemmin, kun jouduin käyttämään poikaani paljon lääkärissä, joka kerralla oli eri henkilö. Matkalla terveyskeskukseen yritin muistella, miltä naispuolinen omalääkärini näyttää. En muistanut, vaikka olin hänen luonaan käynyt jo pari kertaa. Nyt pyysin lääkitystä kuukautisvaivoihin, että pystyisin tulevalla kurssilla käymään ilman jatkuvia poissaoloja. Lääkärin jälkeen painelin apteekkiin ja postiin. Maksoin vuokran ja puhelinlaskut. Sanomalehdestä oli tullut neljänsadan markan lasku, se saa nyt odottaa. Pitää katkaista jatkuva tilaus opiskelun ajaksi. Saatuani opintokortin saan tilauksen opiskelijahinnalla.

Postimyyntipaketista oli tullut toinen ilmoitus, joten sekin täytyi nyt lunastaa. Olin tilannut pojalle kaikkein halvimman koululaistuolin, se maksoi 260 markkaa *(43,35 euroa)*. Paketti oli osittain hajonnut ja mielettömän painava. Hädin tuskin jaksoin raahata sen kotiin, vaikkei matka pitkä olekaan. "Juoksin" vielä kaupoilla, ruokaa pitää ostaa viikonlopuksi normaalia enemmän, koska vanhapoikaveljeni on tulossa käymään. Tiedossa on (taas) juhlaviikonloppu: Keravalla on Valkosipulifestarit ja Kaivarissa Kansanjuhlat. Molemmissa tapahtumissa olen yleensä käynyt. Kun olin kaiken hoitanut, käyttötilille jäi vain joku satalappunen ja lapsilisätilille ei mitään. Ihmettelen, millä maksan matkat kurssipaikalle?

Poika tuli kotiin Juhana ja Sami mukanaan. Pojat kasasivat tilaamani tuolin kauhean kikatuksen säestämänä. Sami oli saanut lopultakin tietokoneen sekä modeemin. Poikani sanoi lähtevänsä tietokoneasiantuntijaksi ja yöpyvänsä Samin luona. Toisilla pojilla on kypärät päässä pyöräillessään, mutta ei minun. Äitiinsähän on tullut. En pysty itse käyttämään pyöräilykypärää, siitä tulee täysin pönttöpäässä-olo. Vaikkeivat korvat olisikaan tukossa pelkään joutuvani onnettomuuteen, pelkästään sen takia, että minulla on kypärä päässä.

Tein pojan vapaaoppilashakemuksen ja oman päivärahahakemukseni sekä vein molemmat postiin. Onneksi tämä oli ainakin vähäksi aikaa viimeinen "työtön, työtön, työtön" -litania. Muistelen, että valtio maksaa koulutusrahan, vaikka se tuleekin työttömyyskassan kautta, joten lappuja ei tarvitse täyttää koulutuksen ajalta. Voihan systeemi tietysti olla muuttunutkin, sen näkee sitten.

Viidestäsadasta päivästä on kulunut kaksisataa yksitoista (211). Käyttämättömiä päiviä on vielä yli puolet. Koulutuksen aikana viisisataa päivää eivät kulu, vaan niiden laskeminen jatkuu taas ensi helmikuussa siitä, mihin nyt jäätiin. Ensi kuussa minulla alkaa neljäs työttömyyden vuosi. Tätä ennen olen käynyt kaksi työvoimapoliittista (huuhaa-)kurssia ja ollut starttirahayrittäjänä (yrittämisestä ei ilman pääomaa tullut mitään), omaehtoisen koulutuksen lisäksi, sen tähden minulla on päiviä vielä niinkin paljon jäljellä. Koko ajan olen ollut, ja **olen edelleen, työmarkkinoiden käytettävissä. Ne vain eivät ole kiinnostuneita minusta.**

2. osa

1990-luvun laman aikana omasta navasta tuli tärkein, eikä onnellisyyden tavoittelua enää häpeilty.

(Taina Kinnunen)

maanantai 19. elokuuta

Tunnen itseni jälleen kunnolliseksi ihmiseksi. Saan lähteä kotoa aamulla ja tulla sinne takaisin illalla, niinkuin muutkin. Matkustan junalla, tosin vastavirtaan, toiseen suuntaan kuin töissä käydessäni. Keski-Uudenmaan maisemat ovat minulle tuttuja jo vuosikymmenten takaa, koska sieltä aloitin aikoinaan matkustamisen töihin Helsinkiin. Nykyisen matkani kalleudesta huolimatta hyvä puoli on siinä, että elinpiirini laajeni runsaasti: ensin junan vaihto naapurikaupungissa ja sitten vielä tämä opiskelupaikkakunta. Kurssilla meitä on viisitoista, osa nuorempia kuin minä, mutta suurin osa ikäisiäni. Ehkä olen vanhin, taas kerran.

Kouluttaja on keski-ikäinen naismerkonomi (niinkuin minäkin), joka itse opiskelee datanomiksi. Pari tuttavaanikin on valmiita datanomeja. Opettajamme on itsekin jäänyt työttömäksi muutama vuosi sitten, käynyt ATK-kursseja ja nyt toiminut jo neljä vuotta kouluttajana aikuiskoulutuskeskuksessa. Selviytyjä! Itselläni ei ole suuria luuloja oppimiskyvystäni.

Toivottavasti jotakin opin vielä. Kurssilla on suuri joukko jo valmiita tietokone-eksperttejä, jotka ovat hakeneet **mikrotukihenkilökoulutukseen**, mutta kun **mikronkäyttäjäkurssi** pitää olla käyty ennen sitä.

Omin päin hankitut tiedot eivät riitä pohjaksi. Meillä on englannin kielenkin opetustakin, joku syntyperäinen britti pitää tunnit. No matter what you can!

Kurssipäivän jälkeen läksin vielä illalla etsimään vadelmia. En löytänyt kovin paljoa, mutta iltapalaksi söimme kuitenkin marjaleivoksia. Kun olin jossakin tienvarren pöheikössä, kuulin, kuinka lähitalon pihalla miesääni huusi: "Äiti kahville!" Se kuulosti jotenkin niin nostalgiselta, niin kesään kuuluvalta. Se sai minut ikävöimään äitiä, jota ei ole enää ole kahville huudettavaksi. Ehkä tulevaisuudessa poikani huutelee minua samalla tavalla kahville. Enhän minä kahvia edes juo. Mutta ehkä sitten mummona taas aloitan.

tiistaina 20. elokuuta

Kurssilla opetettiin Dosia koko päivän. Tuli selväksi, että pystyn käyttämään koneita ja ohjelmia, mikäli koko ajan neuvotaan, mitä pitää tehdä. Sählääminen alkaa heti, kun tekeminen on oman muistini tai muistiinpanojeni varassa. Saimme pari ohjelmointiin liittyvää kirjaakin lainaksi. Ehkä minä osallistun sitten ATK-ajokorttikokeisiin, koska kaikki muutkin aikovat osallistua. Luokassa palelee jalkoja, vaikka ulkona helteet jatkuvat. Tietokoneiden takia pitää olla hyvä ilmastointi. Teollisuushallissahan nämä ATK-luokat sijaitsevat, kuten koko kurssikeskuskin. Onneksi kuitenkin lähellä kaupungin keskustaa.

Myöhästyin tänä aamuna. Ratatöiden takia juna seisoi paikallaan puolivälissä matkaa parikymmentä minuuttia. Sama toistui takaisintullessa, joten kotimatka kesti tasan kaksi tuntia. Kurssilla meitä on vain kaksi junalla kulkevaa, itseni lisäksi hieman nuorempi miellyttävä mies, joka asuu Itä-Helsingissä. Hänellä on vielä suuremmat matkakulut kuin minulla, eli kahdeksansataa markkaa kuukaudessa. Toisaalta hän kertoi ansiosidonnaisen päivärahansa olevan niin hyvän, että matkakulut eivät tunnu missään.. Paljastui, että meillä on yhteinen tuttava, jota poikani sanoo Maria Pekoniksi. Uusi kurssikaverini on ollut samalla työnantajalla töissä kuin Mariakin.

Keskusteltuani muiden kurssilaisten kanssa olen kuullut, että melkein kaikki ovat päässeet heti ensi yrittämällä ATK-kurssille. Joillekin on jopa auennut koulutusputki: he ovat vain siirtyneet kurssilta toiselle. Kait se viisikymmentä vuotta on rajapyykki koulutukseen pääsyssä, samoin kuin työpaikan saannissa. Harjoittelupaikan hankkiminen minulla on nyt taas edessä, ehkä kelpaan harjoittelijaksi jonnekin, vaikka neiti Sutkille en kelvannutkaan.

Kotiin tultuani olin hirmu kuumissani. Niinpä, kun olimme syöneet ja olin vaihtanut kissojen hiekan, lähdimme pojan kanssa iltauinnille. Ilma oli lämmin vielä puoli kahdeksan aikaan, vesi oli viileähköä, mudan hajuista, mutta virkistävää. Tämä oli ensimmäinen kerta tänä kesänä, kun uin täällä omassa lätäkössämme. Parempi myöhään ja niin edelleen..

keskiviikkona 21. elokuuta

Ihminen on laumaeläin. Minäkin haluan kuulua johonkin ryhmään. Nykyajan perhe on liian pieni riittääkseen laumaksi. Olen tyytyväinen, kun saan olla muiden joukossa, edes toisten työttömien. Lisäksi on miellyttävää istua oman päätteensä ääressä ja tehdä kaikessa rauhassa harjoitustehtäviä. Aikaisemmin olin ATK-opetuksissa suoraan sanoen ihan pihalla, en tajunnut mitään miespuolisten opettajien puheista, enkä edes siitä, mitä muut opiskelijat tekivät. Nykyinen naispuolinen opettajamme on, ehkä taustastaan johtuen, helppotajuinen. Kävi ilmi, että hän asuu samassa kylässä kuin minäkin, radan toisella puolen, jossa itsekin aikaisemmin asuin.

Asumisesta puheenollen, asumistukeni aleni kuukaudessa 120 markkaa *(20 euroa)*. Ihmisiä ollaan ajamassa takaisin pieniin asuntoihin, koska meille kahdellekin katsotaan riittävän 57-neliöisen kaksion. Nyt maksan "ylineliöistä" neljäsataa markkaa joka kuussa lisää. Ne, joiden vuokran maksaa sossu, saavat toki asua niin isossa lukaalissa, kuin lystäävät, tai vaikkapa ulkomailla, kuten tuttavani Johanssonit.

Taas tulin pois sen miellyttävän miehen kanssa. Hän kertoi vaimonsa olevan oikeustieteiden kanditaatti, joka on johtavassa virassa suuressa virastossa. Vaimon palkka on noin 32000 markkaa *(5333 euroa)* kuukaudessa. Kurssikaverini tilanne on melko paljon samanlainen kuin tuttavallani Untilla, joka on kiltti ja miellyttävä, työtön mies ja jonka vaimo on johtavassa asemassa.

Harvinainen kuumuus vain jatkuu, vaikka ollaan jo elokuun loppupuolella. Poikani luokalla oli taas tavallisuudesta poikkeava ja hauska päivä, koska he olivat pyöräretkellä koluten lähiseutujen nähtävyyksiä. Illalla olin luvannut viedä pojan Lintisille, mutta jänistin, koska en uskalla mennä itse kaikkiin niihin laitteisiin, joihin hän haluaa. Minulle tulee niin karmean oksennuttava ja huono olo kaikissa härveleissä.

113

Ylipuhuin Carlon menemään pojan kanssa ja maksoin hänen kulunsa, tietenkin.

Yksinjäätyäni olisin käynyt lenkkisaunassa, mutta poika oli ottanut mukaansa kellaritilojen ura-avaimen. Kävin sitten iltauinnilla, kuten eilenkin, ja pesin hiukseni kotona. Illat tuntuvat nykyään hirveän lyhyiltä, koska olen kotona vasta puoli kuuden paikkeilla ja nukkumaan pitää mennä kymmenen maissa, että jaksaa nousta taas aamulla ajoissa.

torstaina 22. elokuuta

Olin kurssilla ihan sekaisin ja munasin itseni täysin. Hukkasin kokonaan "deltree" -käskyn ja sekoilin muutenkin. Kun oli aika lähteä kotiin, en saanut edes konettani suljettua ilman opettajan apua. Eipä minusta taida tulla minkäänlaista tietotekniikkalan eksperttiä. En pysty keskittymään tarpeeksi. Myöhemmin on käytännön kokeitakin, miten selviän niistä?

No, on tässäkin päivässä jotain ilonaihetta, sillä päiväraha oli jo tullut, ja sain maksettua päivälehden tilausmaksun. Kävin passikuvassa kuukausilippua varten, siitä tuli vielä kauheamman näköinen kuin entisestä, olenhan taas muutaman vuoden vanhempikin. Alan muistuttaa äitiäni, joka oli pirttihirmu.

perjantaina 23. elokuuta

Tänään pääsimme normaalia aikaisemmin pois kurssilta, koska viimeisellä tunnilla oli videofilmien katselua. Otimme kovat spurtit sen mukavan miehen kanssa ja ehdimme junaan, joka lähti vain kymmenen minuutin kuluttua tuntimme loppumisesta. Normaalisti kävelymatka kurssikeskuksesta asemalle vie kaksikymmentä minuuttia ja enemmänkin. En ollut tänään yhtä sekaisin kuin eilen, mutta en silti ymmärtänyt läheskään kaikkea, mitä opetettiin.

Kävin (taas) noutamassa postista paketin. Pojalle tilaamani housut eivät olleet tulleet, vaikka niistä oli viety maksu. Päätin nyt vähentää postimyyntiostamista, koska kurssipaikkakunnalla minulla on mahdollisuus käydä useissa kaupoissa ja tavarataloissa. Kaupoissa kiertely on ihan kivaa, mutku, pelkkä katselu ei tunnu riittävän, vaan mieli rupeaa tekemään kaikenlaista tavaraa..

Tänään ostin ruokakaupasta pakastetun pitsan, ensimmäistä kertaa. Se maksoi melkein yhtä paljon kuin noutopitsakin. Muutaman markan pieniin tarjousläpysköihin verrattuna se oli kuitenkin loistotuote. Ostin oluenkin ruoan seuraksi. Ilta meni sen jälkeen viikonlopun ruoanlaitossa. Tein kaalipadan, makaronilaatikon ja viinimarjapiirakan, joista mikään ei onnistunut kovin hyvin. Niihän käy yleensä aina, kun valmistan samaan aikaan useamman ruokalajin.

maanantaina 26. elokuuta

Aamulla oli viileää, täytyi laittaa villatakki päälle ensimmäistä kertaa pitkään aikaan. Iltapäivällä ja illalla on kuitenkin ollut lämmintä. Sammakot tietää, elokuussa ei tainnut sataa kertaakaan, niinkuin se sammakkoprofessori oli ennustanut. Poikani kavereineen kävi vielä tänään uimassa lätäkössämme. Itse en ehtinyt mukaan, koska piti käydä ruokkimassa Kissanomistajan elikoita. "Nuoripari" oli yhdessä lähtenyt Tiinan porukan kanssa Ruotsinristeilylle.

Viikonloppuna selvisi, että vaikka minä en sinne Brysseliin päässytkään, Kissanomistaja pääsee, ei tosin EU:n hommiin. Syksyllä hänen pitäisi lähteä. Hän luopuu nykyisestä asunnostaan ja eläimet ja tavarat evakuoidaan Carlon luokse. Enköhän minä "pääse" taas niitä hoitamaan, tavan mukaan. Belgia on muuten ollut viime aikoina ikävällä tavalla esillä pedofiilien hirmutekojen takia!

Lauantaina ja sunnuntaina oli hyvät ilmat. Siivosin ja raivosin lauantaina, olisin mielelläni ollut vain ulkona. Sami ei taida uskaltaa enää tulla meille, koska huusin niin paljon. Sunnuntaina rauhotuin ja pyöräilin Tuomarinkylään asti. Siellä on hevostallien lisäksi museo ja Kievari. Join oluen Kievarin terassilla ja se olikin tämän kesän kliimaksi. Paljon muitakin sunnuntaipyöräilijöitä oli liikkeellä.

Tänään, maanantaina, olin vaihteeksi niin päästäni pyörällä kurssilla, etten saanut konetta (taaskaan) omin avuin suljettua ennen poislähtöä. En ole ehtinyt tehdä mitään opiskelun eteen kotona ja ensi tiistaina on jo käytännön koe. Mutta, kun nyt on säilöntäaikakin.. Ostin avomaankurkkuja ja tein kurkkusäilykettä muutaman purkillisen lisää. Kesäkurpitsa oli myös halpaa, joten ostin kilon verran ja tein kakun(!) siitä ensi alkuun. Lopuista täytyy tehdä jonkinlainen ruokalaji huomenna. Perjantaina valmistamastani makaronilaatikosta poikani sanoi, ettei se maistunut miltään.

tiistaina 27. elokuuta

Voi itku ja hammasten kiristys! Joka päivä käy niin, että vaikka yritän aamupäivällä skarpata kurssilla, kaikki menee kuitenkin ranttaliksi iltapäivällä. Tänään tehtiin ammatinvalinnan testi, sain tuloksen, että minulle sopiva ammatti on: puutarhuri. En usko, minkäänlaista vihreää peukaloa minulla ei tähän asti ole ollut. Parvekekukat ovat ainoita, joita olen viljellyt. Sitäpaitsi, en pidä mullan koskettelusta ja inhoan matoja ja muita ötököitä.

Saimme tänään uudet, viidentoista tuuman näytöt; minulta eivät sujuneet piuhojen irrotus ja uusien asennus. Kait ne työkkärissä tajusivat, ettei minua kannata mikronkäyttäjäkouluttaa, koska ei siitä kuitenkaan tule mitään, sen takia oli niin vaikea kurssille päästä. Ensi viikolla saamme pentiumit. Koneet ovat hienot, kunpa vain käyttötaitoni paranisi! Huomasin, että käytän paljon aikaa sen jauhamiseen, missä olen epäonnistunut ja tulen aina siihen tulokseen, että olen epäonnistunut kaikessa. Osaisinpa asennoitua loppuelämäni ajan niin, että muistaisin vain onnistumiset. Toivottavasti niitä tulee!

118

keskiviikkona 29. elokuuta

Näin yöllä unen, joka jäi mieleen. Tai, ei tapahtumatarkasti, mutta tunnelmaltaan. Äitini oli palannut tehdäkseen vielä yhden matkan luoksemme. Olimme kotona, oli vihreäsävyistä, kaunista ja kodikasta. Unessa olin katkera siitä, että miksei äiti eläessään voinut asua sellaisessa kodissa? En ole varma, ketä kaikkia oli paikalla, minä ja sisarukseni, vai pelkästään minä poikani kanssa. Kuolemansa jälkeen, näkemissäni unissa, äiti on ollut aina hyvä ja nytkin itkin unessa katkerasti, koska tiesin, että seuraavana päivänä hänestä pitäisi erota lopullisesti. Kysyin, eikö ollut kauheata maata mullan alla, mutta äiti sanoi, ettei se tuntunut miltään. Ehkä unissa suren sen surun, josta kieltäydyin äidin kuollessa. Ei hän ollut sellainen äiti, jonka olisin valinnut, mikäli valinnan mahdollisuus olisi ollut. Mutta, kaikesta huolimatta, hän oli ainoa äiti, joka minulla on ollut ja tunsin lapsen luonnollista kiintymystä vanhempaansa. Vähiin on tämä suku mennyt.

Tämä ilta on ollut puuhakas. Kävin lenkkisaunassa, jossa oli pelkästään se juopon sorttinen nainen, jonka näen ainoastaan saunassa. Vaatteet päällä en häntä ehkä tuntisikaan. Vältän silloin saunaan menoa, kun siellä ovat nuoret äidit lapsineen. En siedä sitä melskausta enää, kun ei itselläni ole pientä lasta. Joka tapauksessa, munasin itseni nyt sen juoponsorttisenkin silmissä, koska kun olin laskeutumassa lauteilta, minulta pääsi lätisevä pieru. Peseydyin äkkiä ja luikin pois.

Olen koko ikäni ollut tympääntynyt alapään päästöihin ja koko ikäni minulle on sattunut noloja tilanteita niiden vuoksi. Kivuliaat kuukautiset ja ilmavaivoissa kouristeleva vatsa ovat olleet vaivanani oppikoulusta asti. Miksi pitää naisen samoilla käsillä, joilla valmistaa ja syö ruokansa, myös pyyhkiä takapuolensa ja tunkea tamponeja sekä terveyssiteitä verenvuodon tukkeeksi? Joskus tulee pissakin housuun tai lurahtaa ripulit kävellessä. Eivät ole hienon naisen touhuja.

119

Joka tapauksessa, omilla käsilläni leivoin vielä saunan jälkeen sata kanelipullaa koulun puffettia varten. Kello oli puoli yksitoista illalla kun lopetin. Ei ole vapaa-ajanvietto-ongelmia.

torstaina 29. elokuuta

Mukavan matkakumppanini nimi on Sakari. Hän kertoi, että viime yönä oli ollut täysikuu. Olen itse kuuhullu, ehkä olen siksi ollut niin keskittymiskyvytön. Yhteisten junamatkojemme takia olemme kohta kuin paita ja peppu. Olemme samanlaisia koheltajia molemmat. Sakari on komea mies, minua viisi vuotta nuorempi. Ja se kapea takamus! Kohta alkaa vanhatkin hormoonit hyrrätä.. Tänään meillä oli kurssilla kuusitoista tehtävää Dosin alueelta. Sain tehtyä vain seitsemän siinä ajassa, kun muut pääsivät loppuun. Ei lupaavalta näytä ja tiistaina on kokeet! Iltapäivällä pääsin ensimmäistä kertaa tutustumaan Internettiin. Meille tehdään sinne kotisivu.

Nyt olen yksin kotona, poika meni musiikkiopiston teoriatunnille. Voin kirjoittaa rauhassa, mutta aikaa ei ole paljoa, koska pyykit pitää silittää. Lenkillekin aion mennä tänään, koska pari edellistä iltaa jäi väliin. Lämmin ilma jatkuu ja se on hyvä. Tämä on ollut ihmeellinen elokuu. Tänä iltana on Taiteiden yö, mutta taiteilkoot ilman minua, en niihin tungoksiin lähde. Ruotsin kuninkaalliset ovat Suomessa vierailulla, tänään Tammisaaressa. Heidänkin takiaan: onneksi on hyvä ilma. Kaiken lisäksi, jippii! Vanha kiinanruusuni alkoi kukkia parvekkeella. Siinä on nuppuja.

121

perjantaina 30. elokuuta

Naispuolinen kurssitoverini ihmetteli, mikä on salaisuuteni, kun miehet aina pyörivät ympärilläni? Vastasin, eikö hän omin silmin näe, että olen tyhmä blondi, joka tarvitsee alinomaan viisaampien apua? Meille opetettiin Windowsia, jota sentään olen jo aikaisemminkin käyttänyt, mutta silti onnistuin sekoittamaan Excelin ja Pasianssin keskenään, eikä tulostus tutulla Write-ohjelmallakaan onnistunut.

Tämä on neljäs syksy, jolloin olen kurssilla. Olen käynyt myös omaehtoisessa koulutuksessa, joten ensimmäisenä syksynä kävin kansainvälistymiskurssin (sehän työttömälle onkin tärkeää!?), toisena yrittäjäkurssin, viime syksynä kolusin Pietarin metroissa aristokraattisen Angelan kanssa venäjän opintojen merkeissä (käytännössä kansainvälistymässä) ja nyt opiskelen tietotekniikkaa miellyttävän Sakarin kanssa.

Kotiintultuani olin ihan poikki. En jaksanut saunan jälkeen (oma vuoromme) ruveta siivoamaan, vaan lojuin venttinä olohuoneen sohvalla. Kahdeksan maissa poika huomasi sakean mustan savupatsaan metsikkömme takana. Luulimme, että ammattikoulu on tulessa ja läksimme, perisuomalaiseen tapaan, katsomaan. Palon syy oli kuitenkin asumisoikeustalon roskis, joka roihusi. Tässä lähistöllä on viime aikoina poltettu muitakin roskiksia. Eräs mies sanoi, että on tämä ihme paikka, kun kaikkia kauheuksia sattuu. Hänen mukaansa lähistöllä asuu Saatananpalvojia ja Skinheadejä. Vastasin hänelle, että eiköhän kyseessä liene pikkupoikien ilkityö. Ja, enkö vain nähnytkin samalla hetkellä Pipsa Kastron tarkkiksella olevan jälkikasvun kurkkivan ihmisten joukossa. Jäljet johtivat sylttytehtaalle.

maanantaina 2. syyskuuta

Kuukausi vaihtui, kesä on ohi, tervetuloa syksy! En malttanut lauantainakaan pysyä poissa kurssipaikkakunnalta, vaan kävimme siellä pojan kanssa. Ilma oli niin hyvä, että jonnekin piti lähteä. Ostimme pari halpaa videokasettia ja yhden Cd-levyn. Poika söi hampurilaispaikassa ja minä pari kevätkäärylettä torilla. Kotiintultuamme soitti Maria Pekoni ja pyysi minua mukaansa johonkin hienoon Helsingin juhlaviikkojen konserttiin. Hänellä oli vapaaliput. En jaksanut lähteä, koska taas olisi pitänyt matkustaa. Tuntuu siltä, ettei muuta ehdikään kuin istua junassa.

Sunnuntaina olin sitten kotona lähes koko päivän. Huushollitöissä ja kaikenlaisten lippujen ja lappujen täyttelyssä meni sekin päivä, lähestyviin kokeisiin en ehtinyt valmistautua. Vai olivatko ne vain korvaavia toimintoja? Jos olisin halunnut, olisin kai ehtinyt. Tänään väsytti aikainen herätys ja matkaan lähteminen. Sellaistahan se oli töissä käydessäkin. Aamu oli sumuinen, mutta vieläkin ilma on lämmin. Edellinen kuukausi oli lämpimin elokuu neljäänkymmeneen vuoteen ja sateettomin sataan kuuteenkymmeneen vuoteen.

Luokassa englanninkielen opettajamme sanoi: "Sinä se olet aina niin onnellinen ja tyttömäinen!" Miksi minua luullaan onnelliseksi? En minä ole. Myönnän kyllä olevani niinsanotusti "vähän onnellisen näköinen", mutta sehän ei ole hyvä juttu, vaan negatiivinen. Minusta yritettiin lapsena tehdä viksua ja kilttiä väkipakolla, eli lyömällä, mutta huonolla menestyksellä. Eikä sellainen kasvatus edistänyt mitenkään onnellisuuttani.

Kotiintultuani sain useita viestejä: Molla oli lähettänyt kortin Espanjasta, Kissanomistaja oli saanut meidän Turkista lähettämämme kortin ja Johansson ilmoitti, että seuraava kirje pitää postittaa kymmenes päivä. Johansson ei ollut saanut autonkotteroaan myytyä, nyt sitä tarjottiin 2500 markan *(417 euroa)* hinnalla. Kirsikka Ketonen, johon olin tutustunut Pietarissa, pyysi minua Tukholman risteilylle ensi viikolla.

Hän oli nähnyt nimimerkillä varustetun kirjoitukseni lehdessä ja tunnistanut oitis minut. Oli tullut vielä kirje kustantajaltakin, jossa sanottiin, että asian käsittely kestää neljä-viisi viikkoa. Turha elätellä mitään toiveita. Museovirastokin muistutti muistitiedon keruukilpailustaan. Kunhan pääsen alkuun, palautan kyhäelmäni määräajassa.

tiistaina 3. syyskuuta

On se kumma, miten paljon kokeissa epäonnistuminen harmittaa vielä viisikymppisenä! Selvästikään minulla ei ole taipumuksia ATK-hommiin. Tunnen luontaista vastenmielisyyttä tietokoneita kohtaan. Jotenkin tästä kurssista on vain selviydyttävä, koska sille hinguinkin. Kurssista annetaan todistus, jossa on numeroarvostelut, mutta kenellepä minun tarvitsisi sitä näyttää? Onneksi pääsimme tänään jo kahdelta pois, koska oli opettajien kuntoilupäivä. Turha mainita, että olen kuolemanväsynyt. En olisi kauempaa jaksanut ollakaan. Yläkerran kakara on huutanut joka yö jo viikon ajan. Vanhemmilla ei tunnu olevan kiirettä tenavaa rauhoittelemaan. Naapurit saavat heidän puolestaan herätä.

Viime viikkoina on tullut liikaa tietoa, jota en ole saanut järjestykseen hatarassa pääkopassani. Sen sijaan Sakarin vaimo on varsinainen voimapakkaus, jota ei liika tieto sekoita. Perheen ja vaativan työn ohella hän on suorittanut akateemisen tutkinnon ja opiskellut useita kieliä. Töissä hän on ollut Euroopan hienoimmilla seuduilla ja synnyttänyt kolme lasta siinä ohessa. Omien sanojensa mukaan Sakari osaltaan on vain katsonut jääkiekkoa ja istunut kaljalla sekä antanut vaimonsa hoitaa hommat. Sakari on samanlainen hosuheikki kuin minäkin. Sormet ovat liian vikkelät näppäimilläkin. Hänen miellyttävyytensä karisee silmissäni sitä mukaa, kun huomaan samankaltaisuuksia itseni kanssa. Omia piirteitään on vaikea sietää muissa.

keskiviikkona 4. syyskuuta

Nyt meille opetetaan Excel-taulukkolaskennan alkeita. Lienee turha sanoa, että olen ihan pyörällä päästäni. Kokeet tästä aihealueesta ovat kahden viikon kuluttua. Rahat on loppu, jos ei koulutustuki tule huomenna, joudun käymään lapsilisätilillä. Siellä on sen verran rahaa, että saan sillä maksettua pienemmän opintolainan. Jäätyäni työttömäksi jouduin ottamaan opintolainaa ensimmäistä kurssia varten, koska sossusta ei annetu markkaakaan. Olin ihan puilla paljailla. Myöhemmin otin vielä toisen lainan omaehtoiseen opiskeluun. Olen työttömänä maksellut opintolainoja takaisin. Mikäli meidän pitää elää koko viikko lapsilisän varassa, se tili tyhjenee taas. No, tiesinhän minä nämä tulossa olevat vaikeudet, turha voivotella.

Syksy on alkanut oikeasti, tänään tuntui viileältä päivälläkin. Pidän kuitenkin syksystä, niinkuin muistakin vuodenajoista. Se pitkä, pimeä ja märkä aika, jollainen vallitsee usein täällä Etelä-Suomessa, jää ilman nimeä. Se ei ole syksyä, eikä se ole talvea, mutta raskas se on. Koska rahaa ei ollut, minulla oli tänään eväänä kalapuikkojen jämät reissarin välissä. Söin eväät ulkona penkillä, vaikka viileää olikin, ja ne maistuivat herkulliselta!

torstaina 5. syyskuuta

Enää ei ole vain viileää, on jo mielettömän kylmää. Suomen säässä on sekin mahdollista, että joutuu siirtymään sortseista suoraan toppatakkiin, välivaihetta ei ole. Tuntuu ankealta herätä, kun on harmaata ja kylmää. Muutenkin olen ihan kipsissä, kassa oli maksanut tililleni vain vähän yli yhdeksänsataa markkaa, jolla en saa edes vuokraa maksettua. Oliko siinä vain viikon koulutustuki, vai olenko pudonnut peruspäivärahalle? Täytynee kääntyä sossun puoleen, niinkuin kesäkuussakin. Mitään ei anneta, jos ei pyydetä.

Eilen oli ihan kaoottinen ilta. Reiska soitti tulevansa keventämään sydäntään minulle. Poikani puolestaan tuli seikkailukerhostaan kertoen, että perjantaina olisi lähtö Savonlinnaan, jossa on Olavinlinnan larppaustapahtuma. Reiskan ongelmat olivat sen laatuisia, että hänelle on nyt tulossa lopullinen ero muijan kanssa, koska tämä on löytänyt nuoremman. Reiska jättää heidän talonsa vaimolleen, joka jatkaa siinä asumista uuden kumppaninsa kanssa. Uusi sulho on kuulemma Reiskan entinen työtoveri ja tyhmä. Reiska muuttaa vuokra-asuntoon. Jutellessamme minulle tuli puhelu maalarimestari Sutkilta, joka pyysi minua tilapäishommiin. Sanoin, että jos niitä voi viikonloppuna tehdä, tulen. Vaikka Turkissa karkuilinkin Sutkia, olen päässyt silloisista fiiliksistä eroon ja on hyvä, jos saa vähänkin lisärahaa.

Reiskan olen tuntenut kaksi vuotta. Joskus olemme käyneet kaljoilla ja kerran pussanneet hississä. Olen asettanut kaikenlaisia ehtoja, miten ehkä hän saattaisi herättää intohimoni. Hänen pitäisi esimerkiksi laihtua ja olla siistimmän näköinen. Nyt hän olikin, ihme kyllä, laihtunut neljäkymmentä kiloa (!), parta oli ajettu pois ja hiukset siististi leikattu. Kait hän olettaa minun täyttävän oman osuuteni nyt, lohduttamalla häntä vaimon petollisuuden takia. Saa nähdä. Intohimo ei vielä herännyt. Ruotsinristeilystä Kirsikka Ketosen kanssa minun täytyi valitettavasti kieltäytyä, koska rahaa on normaalia vähemmän käytettävissä.

Carlo lainasi pojalleni makuupussin Savonlinnan matkaa varten. Nyt pitää lähteä ostamaan eväitä ja huomenna poistua kurssilta vähän aikaisemmin, että pääsen saattamaan ja kantamaan pojan tavaroita larppiporukan tapaamispaikkaan.

perjantaina 6. syyskuuta

Jos toisin olisi käynyt, kävelisin tällä hetkellä Nevski Prospektia pitkin Pietarissa, niinkuin kävelin vuosi sitten Hanna-Kaisan ja hänen äitinsä kanssa. Pietarin syksy on niin kaunis. Olen kuitenkin yksinäni kotona, sillä saatoin äsken pojan matkaan Korpin Klaania tapaamaan. Nuoriso-ohjaaja on pitkätukkainen hontelo nuorimies, jollain tavalla miellyttävä kuitenkin. Toivottavasti hänellä ei ole epämiellyttäviä taipumuksia..

Matkaan lähti poikani ja Juhanan kanssa kaksi tyttöäkin, joista toisesta poikani on pitänyt jo kolmannelta luokalta asti. Nuoriso-ohjaaja luuli minua jommankumman tytön äidiksi, vaikka olimme tavanneet kerran aikaisemminkin. Toivottavasti kaikki menee hyvin ja porukka tulee takaisin seikkailuviikonlopusta sovittuun aikaan sunnuntai-iltana.

Neiti Sutki soitti äsken (ei mitään häpyä) ja sovimme, että menen huomenna heidän buljuunsa tekemään tilinpäätöstä valmistelevia tehtäviä. Onneksi poika ei ole kotona, joten saan sitten siivottua sunnuntaina hänenkin huoneensa. Olen nyt jotenkin niin hermona, kai keskustelut Reiskan ja Sutkin kanssa saivat mielenrauhani horjumaan. Sen sain selville, että koulutusrahaa oli tullut vain viideltä päivältä eli vuokranmaksu viivästyy ja joudun maksamaan korkoa. Ostin kuitenkin kotimatkalla syysvaatteita kolmellasadalla markalla, koska oli pakko saada päällepantavaa. Siivotessani kannoin suurimman osan entisistä vaatteistani keltaisiin laatikkoihin ja Pietarin katulapsille.

maanantaina 16. syyskuuta

Totuus on se, että mitä enemmän tekee, sitä enemmän jaksaa. Olin launtaina Sutkin toimistossa seitsemän tuntia uuden kirjanpitäjän kanssa, työ ei valmistunut vielä, vaan minun on mentävä sinne ensi viikonloppunakin. Hoidin lisäksi normaalit siivoukset ja taloustyöt. Ainoastaan ruoanlaiton osalta pääsin vähemmällä, koska poika oli Savonlinnassa. Larppaaja tuli sitten kymmenen maissa sunnuntai-iltana takaisin nuhaisena ja flunssaisena, niin kuin olin pelännytkin. Viime yönä näin hirveitä, suorastaan sairaita unia, joista en muista muuta kuin, että herätessä oli kuvottava olo.

Tämän päivän sekoilin väsyneenä taulukoiden, pylväiden ja "piirakoiden" sokkeloissa. Koe on seuraavalla viikolla. Onneksi tämä viikko on opiskelun kannalta lyhyempi, koska perjantaina menemme konttoritarvikemessuille. Perjantai-iltana olin tehnyt teon, jota ei olisi pitänyt. Aikaisemmin talvella olin jo kieltäytynyt tarjotusta ehdokkuudesta. Nyt pienpuolueen edustaja pyysi minua uudestaan ehdokkaaksi kunnallisvaaleihin. Vähän aikaa keskusteltuamme suostuin tällä kertaa, vätys kun olen. Kun antaa pahalle pikkusormen, se vie koko käden. Sen ehdokkuuden saldo on vain noin tuhannen markan kulut, koska pienpuolue ei ole puoluerekisterissä, eikä saa puoluetukea. Listoilla olen sitoutumattomien joukossa.

Onhan minulla tämän kaupungin kunnallispolitiikasta jo kahdenkymmenen vuoden kokemus tavallisena kuntalaisena. Minusta sitä likaämpäriä ei kannata mennä itse hämmentämään. Meininki on ainaista suhmurointia, olivatpa vallan kahvassa miehet tai naiset, ja ainoa oikea puolue on Demarit. Uskoni muutoksen mahdollisuuten on mennyt. Niin on mennyt monilta muiltakin, ainakin puuttuvan äänestysinnokkuuden perusteella.

130

tiistaina 10. syyskuuta

On ollut masentava päivä. Sekoilin taulukoiden kanssa entistä enemmän, niin paljon, että melkein itkin. Kouluttajamme, joka ei ole vakituinen opettajamme, vaan varsinainen Riikka Reipas, piti käytöstäni jonkinlaisena konstailuna ja matki puhettani. Vakituinen opettajamme, joka asuu samassa kylässä kuin minä, on huomattavasti rauhallisempi kouluttaja. Sain ikuiset traumat jo keskikoulussa naispuolisesta kemianopettajasta, joka oli aina matkimassa, kun en osannut ja sähläsin.

En ole samanlainen kuin muut, masennun epäonnistumisista todella perusteellisesti. Illalla oli vanhempainilta ja sielläkin koin, että pojan opettaja irvaili puheilleni. Pärnulaisen luokan vastavierailuohjelmasta sovittiin, ohjelmassa on Heurekaa ja Serenaa, ja vaikka mitä. Vierailuohjelman rahoittamiseksi pitää myydä kontillinen vessapaperia. Kenellehän niitä myyn? Lisäksi minun pitäisi kerätä yksitoista nimeä vaaliliittoa varten. Hullun hommia kaikki!

keskiviikkona 11. syyskuuta

Ei ollut hyvä päivä tämäkään. Olen kurssilla kaksi tehtävää jäljessä muista. Ehkä olen sellainen erikoisuus, että jään luokalle työttömyyskursseilta. Varmaankaan en saa silloin enää koulutustukea, mutta toivottavasti saan silti junnata eläkeikään asti. Onneksi tämä viikko on jo puolivälissä. Laskuja oli tullut runsaasti, maksetaan kun jaksetaan.. Minulla on nykyään kaksi "vapaailtaa" viikossa. Poika on tänäänkin kerhossa kahdeksaan asti ja huomenna hänellä menee musiikkiopistossa pari tuntia. Ihan hyvä, että saan joskus olla itsekseni. Reiskasta ei ole kuulunut mitään viikkoon, vaikka olin pyytänyt häntä soittamaan. Ensisijaisesti siksi, että hän oli kiinnostunut Johanssonin autonrämästä. Hän on varmaankin löytänyt jonkun muun lohduttajaksi, koska olin tyly. Niinhän ne aina löytävät.

torstaina 12. syyskuuta

Eilinen ilta meni lopulta ihan ranttaliksi. Sain kerättyä neljä nimeä yhdestätoista vaaliliittoa varten ja tänään hankin kaksi uutta nimeä. Uskon, että kerään viikonloppuna puuttuvat viisi. Olin illalla puhelimessa, kun ovikello soi. Siellä oli herra Johansson, jolle oli sattunut kauheita matkalla Lasnamäen asunnosta täkäläiseen kämppään. Hänet ryöstettiin, kun hän oli tullut laivarannasta Rautatientorin bussipysäkilleen. Huumeveikko oli vienyt hänen kassinsa, jossa olivat viinat, tupakat, lääkkeet ja parranajokone. Johansson ei kuitenkaan ollut tolkuttomassa humalassa, joten hän oli lähtenyt seuraamaan ryöstäjää, joka oli livahtanut läheiseen kuppilaan. Kassi löytyikin sieltä, mutta kaikki arvokas oli viety. Minun piti lainata miehelle 25 markkaa *(4,20 euroa)*, koska hänellä on työpaikkahaastattelu huomenna, että pääsee sinne. Sossu korvaa varastetut lääkkeet aikanaan.

Johanssonin auto ei olekaan enää myynnissä, juuri kun olin saanut hankittua ostajaehdokkaan. Samoinhan kävi aikanaan asunnonvuokrauksen kanssa. Ensi viikolla minun pitää postittaa Kelan päivärahahakemus Lasnamäelle. Ehkä kirjoitan samalla, etten rupea enää olemaan heidän apurinsa. Olen halunnut olla lojaali rouva Johanssonille, joka opetti minulle viron kieltä kurssilla pari vuotta sitten. Koska hän on kuitenkin osoittautunut täysin häikäilemättömäksi, kuten useimmat muutkin tuntemani naapurimaan eläjät, en haluaisi enää olla mukana heidän petollisissa järjestelyissään. Opintolainalaskut tulivat tänään, ne ovat yhteensä 2200 markkaa *(367 euroa)*. Olen pulassa, mutta kai tästä selvitään, niinkuin aina ennenkin.

133

perjantaina 13. syyskuuta

Päivämäärä on pahanenteinen, oli onni, ettei tänään ollut normaaliopetuspäivä. Olimme saaneet vapaaliput konttorialan messuille ja kävinkin siellä aamupäivällä. Messut ovat minulle tuttu tapahtuma, jossa olin käynyt myös aikaisempina vuosina, mutta onhan se aina mukava nähdä uutuuksia ja uusia keksintöjä. Kerättyäni kassillisen esitteitä, nähtyäni viisi kurssitoveriani ja ilmoittauduttuani opettajalle, lähdin pois ehtiäkseni samalla junalipulla takaisin. Lipuntarkastaja tuli tietenkin, kellonaika lipussani näkyi huonosti, mutta aika ei ollut ylittynyt. Eräs raukka ulkomaalainen lyhythihaisessa paidassaan sai rapsut.

Itä-Pasilaan on noussut ja nousee, lisää uusia rakennuksia. Messuhallinkin ilmiasu oli muuttunut. Sielläpäin tulee nykyään vain harvoin liikuttua. Tuntuu hyvältä olla kotona jo tähän aikaan päivästä! Neljä viikkoa olen tehnyt pitkiä päiviä. Johansson oli käynyt tuomassa maksun velkaansa postiluukusta poissaollessani. Huomenna on sitten vielä työpäivä Sutkilla ja sunnuntaina on tiedossa syntymäpäiville meno.

maanantaina 16. syyskuuta

Viikonloppu oli aurinkoinen ja kiireinen. Kunnostauduin kävelemisessä, onneksi oli hyvä ilma. Läksin lauantaiaamuna polkupyörällä sotkemaan kymmenen kilometrin matkaa Sutkin toimistolle. Puolivälissä matkaa toinen poljin irtosi kokonaan. Pultti kai katkesi vanhuuttaan. Talutin rakinnetta loppumatkan ja myöhästyin puoli tuntia. Kirjanpitäjä oli jo soittanut meille kotiin ja kysellyt, olinko tulossa? Illalla talutin pyörää koko takaisintulomatkan ja olin kotona kahdeksan jälkeen. Sunnuntaina kävelin samanveroisen matkan syntymäpäiviltä kotiin, koska busseja kulkee vain kerran tunnissa viikonloppuisin.

Mokasin taas, tuttavani Dolly täyttikin (vasta) 74 vuotta, eikä 75, kuten olin luullut. Olin antanut hänelle väärällä iällä varustetun syntymäpäiväkortin, ennenkuin asia selvisi minulle. Päivänsankari näytti jopa nuortuneen jollain tavalla, vaikka yritinkin häntä vuodella vanhentaa, ja hänen äitinsä, jolta oli leikattu kasvoista jonkinlainen kasvain, oli parantunut (hänen ikänsä huomioonottaen) nopeasti. Muut vieraat olivat heidän tuttaviaan kotipuolesta. En ehtinyt lepäämään koko viikonloppuna. Sain kerättyä nimet valitsijayhdistystä varten, jonkun pitäisi tulla noutumaan paperit tänä iltana. Kaksi vuotta vanha valokuvani saa kelvata.

tiistaina 17. syyskuuta

Taulukkolaskennan harjoitteluun ei jäänyt aikaa viikonloppuna ja kokeet ovat huomenna! En usko, että läpäisen testiä. Mutta, kävi miten kävi, on helpotus, kun kokeiden jälkeen kurssilla siirrytään seuraavaan aihealueeseen eli tekstinkäsittelyyn. Sen luulisi olevan minulle luontevampaa. Tänään on ollut lämmin päivä, mittarissa oli seitsemäntoista asteen lukema. Luulin jo intiaanikesän alkavan, mutta meteorologi uutisissa lupaili kylmenevää. Muuta hyvää ei tällä hetkellä olekaan kuin lämmin ilma.

Kaikki on niin totaalisesti päin peetä. Olen ylittänyt käyttötilin 39 markalla (*6,50 euroa*), enkä tiedä tuleeko koulutustuki torstaina. Viikonlopun kävelyiden takia vasen nilkka on rasittunut ja särkee koko ajan. Olen aina ihmetellyt vanhempien naisten paksuja nilkkoja, mutta luultavasti itselänikin on pian elefantin nilkat.

keskiviikkona 18. syyskuuta

Meterologin puheista huolimatta lämpimät ilmat vain jatkuvat. Minulla oli tikkitakki päällä kurssilta palatessa, vaikka lämpötila oli parikymmentä astetta. Mutta aamulla oli viileää, lämpötila kotoa lähtiessäni oli vain plus kolme astetta. Kokeet menivät huonosti, niinkuin olin odottanutkin, en saanut yhtään kaaviota kunnolla valmiiksi. Meinasin heittää paperit ja korput nurkkaan. Nyt henki haisee, hiki haisee, virtsa haisee, oli niin kova stressi. Lähden saunaan, eivätköhän siellä haisut hälvene!

Stressiä on täällä kotonakin. Vuokraa karhutaan sadan markan perintäkuluilla vahvistettuna. Voi kun rahaa tulisi huomenna! Tiliä ylitin taas tänään, koska elintarvikkeita oli pakko ostaa muutamalla kympillä. Lisäksi ostin saunakaljan, jonka join jo etukäteen. Poika on keskiviikkoisin siellä seikkailukerhossaan, joten onneksi saan rauhoittua yksinäni.

torstaina 19. syyskuuta

Tänään hermoni lepäsivät kurssilla, kun sain kaikessa rauhassa opetella sanojenkäsittelyohjelmaa oman opettajamme johdolla. Hermot meinaa sen sijaan mennä raha-asioiden kanssa, tänään tuli kahden viikon koulutustuki ja maksoin heti vuokrarästin. Tilille jäi kolmesataa markkaa, jolla pitäisi kaksi viikkoa pärjätä. Laskuja en pysty maksamaan. Sakari oli tänään hiljainen mies. Hän oli ollut eilen kaljoilla ja juonut omien puheidensa mukaan kahdeksan tuoppia. Kapakassa hän oli tavannut nuoruudenystävänsä, sihteerikön, joka oli luvannut avustaa häntä harjoittelupaikan ja palkallisten töidenkin saamisessa. Koska Sakari ei kotona tee mitään, ei ole kiinnostunut koulujen vanhempainilloista, eikä mistään muustakaan perheeseen liittyvästä, hänelle jää aikaa kaljalla istuskeluun.

Sanoin miekkoselle, että hän on saanut lottovoiton vaimonsa muodossa, koska tämä on sivistynyt, tienaa hyvin ja hoitaa kodin. Vaimo on saanut perintöjäkin, muun muassa siirtolapuutarhamökin, jossa marjat ovat päässeet paleltumaan, koska vaimo ei ollut ehtinyt niitä poimia. Täytyy ihmetellä että, vaikka vaimo on virastossa töissä johtavassa asemassa, miksi hän ei osaa perhettään johtaa? Lapset ovat kouluikäisiä, mutta heidän äitinsä tuntuu tekevän kaiken itse.

perjantaina 20. syyskuuta

Tilillä on nyt rahaa satayhdeksänkymmentä markkaa ja seuraava suoritus tulee lokakuun kolmantena päivänä. Ihan kiva. Sutkilta ei ole soitettu, joten oletettavasti minun palveluksiani ei enää tarvita. Toivottavasti veljeni ei tule tänne vierailulle, niinkuin uhkasi. Haluan olla kotona rauhassa edes yhden viikonlopun. Vaalitohinat alkoivat. Minulta karhutaan oitis viittäsataa markkaa vaalimainokseen. Jättäkööt kuvani pois. Sitä rahaa eivät tule saamaan vielä moneen viikkoon. Maanantai-iltana olisi sitten kokous vaalistrategioista jossakin kaupungin toisella laidalla. Kaduttaa, että suostuin. Niinkuin en olisi tarpeeksi väsynyt ja rahaton ilman tätäkin hullutusta!

maanantaina 23. syyskuuta

Vaihteeksi masentaa. Miksi minä tälle kurssillekin väen vängällä änkesin, vain saadakseni kolhuja itsetuntooni joka päivä? Onnistumisen elämyksiä on vähän, mutta epäonnistumisia joka päivä. Tänään saimme kurssipäivän lopuksi senlaatuisen kopiointitehtävän, josta en olisi ikinä selviytynyt ilman toisten apua. Hermostuin niin paljon. Doskokeet palautettiin ja sain ryhmän huonoimman tuloksen: 70 prosenttia oikein. Olisihan se tietysti voinut olla vieläkin huonompi. Toiset olivat onnistuneet sataprosenttisesti.

Veljeni tuli viikonlopuksi käymään, juuri kun sitä vähiten toivoin. Olin hänelle äkäinen emäntä, hän on sellainen vanhapoika, että ottaa aivoon monta kertaa: kuinka joku voi olla niin avuton? Kissanomistaja ja ex-miehensä Carlo tulivat myös luokseni syömään, olin tehnyt täytettyjä paprikoita. Veljeni oli älynnyt sentään tuoda mukanaan pullon valkoviiniä, joka nautittiin ruokailun yhteydessä. (Ex)pariskunta yllätti minut tuomalla kimpun pieniä, ihanan kauniita vaaleanpunaisia ruusuja, joissa oli oikea ruusuntuoksu. Kukat ilahduttivat minua todella paljon tässä elämän ankeudessa. En voinut olla huomauttamatta veljelleni saamatta jääneistä viisikymmenvuotispäivän kukkasistani. Pöllö mikä pöllö.

Tänään olisi ollut sitoutumattomien vaaliehdokkaiden ensimmäinen yhteinen kokoontuminen. Naisia porukasta on loppujen lopuksi puolet. Tunnen itseni petetyksi, koska minut houkuteltiin mukaan sanomalla, ettei naisia oltu saatu ehdokkaiksi. Että olin ikäänkuin ainoa toivo. En jaksanut lähteä kokoukseen, koska olisi pitänyt matkustaa yli kaksikymmentä kilometriä sen monen sortin puuhanaisen luokse, joka lienee naisten pääehdokas. Pitäkööt touhunsa. Molla oli tullut takaisin Espanjasta. Hän oli tavannut siellä (lopultakin) elämänsä miehen, joka oli myös lomaillut maassa. Onnea oli kestänyt siellä viikon ja nyt se kukoistaa puhelimitse ja kirjeitse. Mies on vain 35-vuotias. Ajattelin: "Nuo toiset uuden löytää, niin mulle käynyt ei.."

tiistaina 24. syyskuuta

Kiinanruusuni todellakin kukkii. Sitä se ei ole tehnyt moneen vuoteen, mutta se pitää parvekkeella olosta ja intoutui siksi kukintaan. Myöhästyin tänään kurssilta, en tiedä, miten olin niin hidas. Syy on kai siinä, että aamulla alkaa olla jo pimeää ja joskus päivälläkin. Tunnen itseni entistä masentuneemmaksi ja väsyneemmäksi. Raha-asiat paranivat sen verran sentään, että vakuutusyhtiö maksoi kolmekymppiä Turkissa ostamistani lääkkeistä. Aamun lehdessä oli listattu kuntamme valtuuston pahimmat lintsarit ja kukapa muu siellä olikaan kolmannella sijalla, kuin meidän joka sortin puuhanaisemme. Sellaistahan se on kaupunkimme kunnallispolitiikassa. Kaikilla kolmella eniten poissaoloillaan loistaneilla on suurin hinku takaisin valtuustoon.

Pärnusta tuli kirje, kuten myös Pietarista Larissalta. Molemmille pitäisi vastata jossain vaiheessa.. Enhän minä voi olla täysin paha, koska minun on helppo saada ystäviä? Edesmennyt äitini tosin aivopesi minut uskomaan synnynnäiseen pahuuteeni ja totutti olemaan alituiseen syntipukkina. Syy synnynäiseen pahuuteeni oli äidin mielestä se, että pelkkää ilkeyttäni änkesin tähän maailmaan hänen kiusakseen, ei-toivottuna lapsena.

keskiviikkona 25. syyskuuta

Radiosta tuli äsken Chopinin Nocturne. Rakastuin Chopinin musiikkiin jo nuorena. Mielestäni se on nimenomaan syysmusiikkia, kuulasta ja kepeän alakuloista. Melkein kuulee, kuinka lehdet putoavat ja välillä ropsahtaa sadepisarakin. Tänään oli juuri sellainen ilma, kuin Chopinin sävellyksissä, ei ollut kovin kylmäkään. Vielä on paljon tehtävää. Käytyäni lenkkisaunassa lähden hakemaan vessapaperia myytäväksi pojan koululta. Kaikenlaisesta paperityöstäkin olisi selviydyttävä. Nyt ei auta muu kuin ryhdistäytyä. Elämänväsymykseen ei nyt ole aikaa. Olen tällä hetkellä melko tyytyväinen, en ikävöi menneitä, enkä kaipaa tulevia. Olen ja elän tässä ja nyt, vain tätä päivää.

Kissanomistaja soitti äsken: kurssi, jolle hän pääsi, vaikutti lupaavalta. Siellä sai ilmaisen ruoankin seisovasta pöydästä. Viikon teoriajakson jälkeen on kahden viikon harjoittelujakso Helsingissä, sen jälkeen taas viikko teoriaa ja sitten eikun Brysseliin! Taidan hakea samalle kurssille seuraavaksi. Siellä on kuulemma paljon minun ikäisiäni, miehiäkin. Ehkä pärjäisin sellaisella kurssilla paremmin kuin nykyisellä. Pääsin kuitenkin, ihme kyllä, läpi taulukkolaskennan kokeista rimaa hipoen, ollen tietysti kurssin huonoimpia.

torstaina 26. syyskuuta

Olipas iisi päivä, kerrankin! Poika on musiikkiopistossa, itse tulin kirjaston kautta kotiin. Varasin Laila Hietamiehen uusimman romaanin, Satakielimetsän. Monet olivat tehneet varauksensa ennen minua, mutta kaipa aikanaan tulee minunkin vuoroni. Olen aikaisemmin lukenut kolme hänen Sonja Orbelianista kertovaa teostansa. Tämä on suuri kirjasyksy, jolloin erityisesti poliitikot kunnostautuvat muistelijoina. Reva-Riitta revittelee, Esko Aho on suututtanut kaikki ja Murphyn laki koitui Pertti Paasion kohtaloksi. Entinen pääjohtaja Kullbergkin on saanut pahan mielensä purettua paperille.

Vieläpä joku taksikuski on saattanut julkisuuteen teoksen, jossa ovat kaikki hänen lähettämänsä työpaikkahakemukset, joilla työpaikkaa ei ole irronnut. Ihmettelen vain, mikä kustantamo on suostunut ne julkaisemaan? Mutta hyvä sikäli, että tavallistenkin ihmisten ääntä kuullaan ja heidän vastoinkäymisistään kerrotaan. Vaalinumerot on arvottu. Koska sitoutumattomat ovat hännillä, numeroni on 450. Uskon, että pienillä paikkakunnilla kunnallisvaaleissa on helppo menestyä, toisin kuin täällä Ruuhka-Suomessa.

Soitin eilen Reiskan kuskaamaan vessapaperit koululta. Samalla sain tuotua vielä kymmenen kilon säkin kissanhiekkaa kaupasta. Arvelen, että tyyppi tuli mielellään auttamaan, koska änkesi vielä kahvillekin. Annoin hänelle lisäksi kaksi veljeltäni jäänyttä olutta. En tiedä, mitä tästäkin tuttavuudesta tulee. Olen hieman pehmennyt hänen suhteensa. Mutta kun, poikani vahtii kuin haukka, ettei minulla vain ole minkäänlaista suhinaa miesten kanssa, enkä varsinkaan saa riidellä heidän kanssaan. Riitelyynhän se väistämättä johtaisi kuitenkin tuttavuuden jatkuessa. Täytyy vain elää mahdollisimman neutraalisti ja säädyllisesti.

143

perjantaina 27. syyskuuta

Olenko elänyt ja mitä elämä on? Eikö se ole ollut pelkkää olemassolon taistelua alusta tähän päivään asti, kamppailua köyhyyden kanssa? Sanotaan mitä sanotaan, aineellinen köyhyys aiheuttaa myös henkistä köyhyyttä, koska ei ole mahdollista kouluttaa itseään, niinkuin haluaisi, eikä käydä kulttuuririennoissa. Terveys kärsii, kun ei ole rahaa hoidattaa hampaita, hankkia silmälaseja eikä ostaa tarvitsemiaan lääkkeitä. Niin minä ajattelen. Olen jatkuvasti niin väsynyt, että itkettää, mutta itkua ei tule ja päätä särkee. Maalausliikkeestä ei ole kuulunut mitään, ilmeisesti minua ei tarvita enää. En ole kyllä saanut rahoja tekemistänikään työpäivistä. Helpotus on, jos ei tarvitse mennä sinne huomenna.

Pojallani on lauantaina esiintyminen seurakuntasalissa, jonka jälkeen hän menee väsäämään boffereita seikkailukerhoonsa. Ensi viikolla taas kiirettä pitää. Maanantai-iltana on kaksi tilaisuutta, ensin sitoutumattomien kokoontuminen viideltä ja sitten pojan koululla kokous, koskien virolaisten vierailua, seitsemältä. Sihteerimessuilla aion käydä keskiviikkoaamuna ja torstaina tulevat virolaiset vierailijat. Sanojenkäsittelyjakson kokeet kurssilla ovat myös torstaina.

maanantaina 31. syyskuuta

Tuntuu, ettei enää ole aikaa päiväkirjan pitoon. On vähän kohtuutonta, että joskus saa kuikuilla pölyjä pyyhkimässä kotonaan kuukausitolkulla ja joskus sitten ei ehdi siivota ollenkaan muutamaan viikkoon. Sellaistahan elämä on, sykleissä kaikki tapahtuu. Nyt tämä kurssi alkaa joka tapauksessa tuntua liian raskaalta nykyisessä elämän vaiheessa. Eilen kävin viimeisen kerran Kissanomistajan asunnolla, se oli se asunto, jossa pariskunta asui ennen eroaan. Ero tai ei, nainen on muuttanut kirjansa taas Carlon osoitteeseen, ainakin Brysselin jakson ajaksi. Olen nyt lähdössä sitoutumattomien kokoontumiseen kaupungintalolle.

tiistaina 1. lokakuuta

Uusi kuukausi alkoi ja vieläkin on todella kaunis syksy. Vuosi sitten vaeltelin Pietarissa Vasilinsaaren kultaisten puiden värihehkussa ja iltaisin nautin Mariinskij-teatterin kullanhohteesta. Siellä työttömälläkin oli varaa sellaiseen. Pietari on minulle mieluinen, koska se on niin kaunis. Mutta, ei kauneutta ilman rumuutta. Eilen kävi ilmi, että kaikki muut sitoutumattomat ovat maksaneet viisisatasensa, paitsi minä. Sain armonaikaa kuun puoleenväliin. Kaiketi minun pitää tehdä jonkinlainen lappunen omaksi henkilökohtaiseksi mainokseksi, vaikken aikonut. Vaalityöhönkin innostuu, vaikka läksinkin pitkin hampain mukaan.

keskiviikkona 2. lokakuuta

Tein henkilökohtaisen mainoslappuseni kurssilla viidessä minuutissa kahvitauolla. Kohderyhmäkseni valitsin toiset köyhät ja kurjat, vedoten elämänkokemuksiini. Mutta eihän köyhä usko toiseen köyhään.. eikä äänestä. Eräs mies auttoi minua mainokseni skannaamisessa. Kysyin opettajalta, paljoko maksaa monistaminen kurssikeskuksessa ja hän vastasi, että markan kappale. Sikamaisen kallista, mutta ei ole aikaa ruveta etsimään muutakaan monistuslaitosta. Minulle riittää sata kappaletta. Meillä oli tänään kokeet Wordista, tuijotin koetta pitkän aikaa, koska se tuntui niin helpolta. Ehkä se meni kuitenkin pieleen. Jatkuvat kokeet alkavat rassata, mutta lohduttaudun sillä, etteihän tämä loputtomiin jatku.

Virolaiset vastavierailijat tulivat, Jaanus-poika oli jo meillä, kun tulin kotiin. Söimme valmislihapullia keitettyjen perunoiden kanssa ja lähdimme sitten tutustumiskierrokselle kylässämme. Kävimme kaupassa, kirjastossa ja hampurilaisravintolassa. Viereisessä etnisessä kuppilassa laulettiin karaokea, jota pojat olivat kiinnostuneita kuuntelemaan, joten istuimme silläkin vähän aikaa. Ryystin yhden keppanan pojista huolimatta.

perjantaina 4. lokakuuta

Aamulla tarjosin pojille aamiaista ja siivosin jäljet ennenkuin läksin kurssille. Olenhan jo aikaisemminkin myöhästynyt muutaman kerran. Pojat menivät yhdessä kouluun ja olivat taas jo kotona minun tullessani. Jaanus oli katsellut poikani videoita: Yksin kotona jms. Hän pitää myös leegojen rakentamisesta ja sähköuruilla soittamisesta. Sitten soitti Reiska: "Mitä me teemme tänä viikonloppuna?" Aha. Sanoin, että koululla on illanvietto virolaisten kunniaksi ja hän voi tulla sinne, mikäli haluaa. Menimme koululle yhdessä Reiskan autolla, mutta paljastui, että miehellä oli niin kova flunssa, ettei hän jaksanut istua salissa, vaan meni autoonsa nukkumaan ja meitä odottamaan.

maanantaina 7. lokakuuta

En ehtinyt viikonloppuna levätä, enkä kyllä siivotakaan. Pojat olivat lauantaina porukkansa mukana Heurekassa ja Serenassa (onneksi minun ei tarvinnut mennä niihin) ja tulivat illalla vasta kahdeksan jälkeen takaisin. Olin saattanut heidät junalla Heurekaan. Alunperin Reiska oli luvannut kuskata pojat, mutta hän ilmoittikin, ettei jaksanut lähteä, koska flunssa oli äitynyt pahemmaksi. Niin tai näin, tyypillistä miesten käytöstä, ensin luvataan ja sitten perutaan. Saatettuani pojat jäin itse jakamaan vaalilappusiani maalaismarkkinoille. Siellä oli liikaa ihmisiä ja puolueita markkinoimassa itseään. Kävin kirjakaupasta ostamassa tuliaisia vietäväksi Viroon ja läksin kävelemällä kotiin. Matkan varrella kävin entisellä asuinalueellamme jakamassa mainoksiani.

Sunnuntaina virolaiset vieraat lähtivät pois, en mennyt mukaan heitä kaupunkiin saattamaan, poikani oli kyllä mukana saattokeikalla. Jakelin sen ajan lappujani Kissanomistajan entisellä asuinalueella. Kaikki on entistä.. Oli aika raskasta ravata ylös ja alas nelikerroksisissa taloissa, joissa ei ollut hissejä. Kyllä siinä monennäköistä ja -kuntoista rappua näki, varsinkin kaupungin vuokrataloissa.

tiistaina 8. lokakuuta

Kurssilta palatessani jäin pysäkkiä aikaisemmin pois junasta ja kävelin pellolle rakennetulle vuokrataloalueelle. Kun tulin sieltä pois jakaen viimeisiä mainoslappujani omakotitalojen postilaatikkoihin, ajoi poikani opettaja siihen autolla ja otti minut kyytiinsä. Se oli todellinen onnenpotku, koska minua väsytti ja vettäkin alkoi sataa. Pääsin kotiin kastumatta. Ennakkoäänestys alkaa huomenna. Tällä viikolla kurssilla opetetaan Corell-piirustusohjelmaa ja onhan se mukavaa puuhastelua aikaisempaan verrattuna. Yritin tehdä parempaa vaalimainosta, mutta ei siitä tullut mitään, kone "kaatui" koko ajan, koska kuvat veivät liian paljon muistitilaa.

keskiviikkona 9. lokakuuta

Menin vielä kerran jakelemaan vaalilappujani, vaikka ilma oli huono. Kävin (toisella) entisellä asuinalueellamme ja keskustelin entisessä pihassamme erään naisen kanssa. Hän kertoi seuraavan asukkaan muuttaneen pois entisestä asunnostamme, koska sieltä oli löytynyt hometta. Minuahan siitäkin syytettiin.. Näin myös, missä talossa kurssimme pääopettaja asuu ja minne Reiska on muuttamassa. Enempää vaalimainoksiani en enää jaa tällä viikolla, loput levitän lähiympäristöön ensi viikolla. Tänään onnistuin saamaan ATK-englannin kokeissa hyväksytyn määrän pisteitä. Ja englantiahan voi aina lukemalla oppia, ei sitä tarvitse ymmärtään, niinkuin tietokoneohjelmia.

torstaina 10. lokakuuta

Karmaiseva yllätys, käyttötililläni on rahaa vain seitsemänkymmentä markkaa ja käyttölainan lyhennys on maksamatta. Sitä ei oltu voitu tililtä ottaa, koska rahaa ei ollut tarpeeksi. Oma kirjanpitoni on ihan retuperällä, koska en ole ehtinyt sitä tekemään. Olin arvellut tilillä olevan kolmesataa markkaa, jotta olisimme pärjänneet ensi torstaihin. No, päivä kerrallaan, ei tässä muu auta.

Tänään oli kurssilla Corell-piirustusohjelman koe. Aika ei riittänyt, enkä saanut mitään järkevää aikaiseksi. Ensi viikolla alkaa Paradox, sitä kestää tietenkin pari viikkoa ja sitten on kokeet. Kutsuin Kissanomistajan ja Carlon ensi sunnuntaina kahville ennen naisen Brysseliin lähtöä. Lähtö on viikon kuluttua. Haluan kuulla eläintenhoitojärjestelyistä.

perjantaina 11. lokakuuta

Kurssilla oli ryhmätöitä ilman opettajaa, joten lähdin jo puolenpäivän aikaan pois. Ehdin siivota kotona (kahteen viikkoon ei ole siivottu) ennen lähtöä sitoutumattomien vaalitilaisuuteen eräässä pienessä kuppilassa. Siellä oli meitä ehdokkaita yhdeksän paikalla. Nokkanaisemme kehui minun nuortuneen. Hän kertoi myös maksaneensa minun osuuteni mainonnasta, joten olen nyt summan hänelle velkaa. Saimme sen verran ihmisiä raahattua ravintolaan, että jouduimme maksamaan heidän kahvittelustaan neljäkymmentäviisi markkaa.

Pummasin kyydin kotiin eräältä toiselta ehdokkaalta, että säästin matkakulut. Olin kävellyt paikalle, koska oli hyvä ilma. Tämä ehdokas on pitokokki, lupauduin auttamaan häntä tarvittaessa toimistotöissä. Vaalitapahtumat ovat osaltani ohi, kävin äänestämässä tänään. Tämä oli ensimmäinen kerta, kun kävin ennakkoäänestämässä. Eipähän tarvitse enää muistaa koko tapahtumaa. Eurovaaleissa en äänestänyt.

maanantaina 15. lokakuuta

Sunnuntaina kävivät Kissanomistaja ja Carlo sovitusti kahvilla. Kävi ilmi, että Carlo haluaakin päästä Kissanomistajan linnuista eroon, niitä on kaksi isoa häkillistä. Minua alkoi harmittaa niidenkin kohtalo. Ehkä Carlo ei kuitenkaan haluaisi entisen vaimonsa lähtevän, luultavasti kyse on pohjimmiltaan siitä. Eilen selvisi jutellessamme sellainenkin asia, että alakerran pikku ilkimys, pyöränkumien puhkoja, on Kissanomistajan parhaan kaverin Tiinan serkun poika. Serkun nimi oli Kipa ja hän menehtyi kaksikymmentäneljävuotiaana, oltuaan huumekoukussa nelitoistavuotiaasta asti. Nämä kolme murrosikäistä ystävätärtä olivat kauhunani ja mieliharminani asuessamme aikoinaan samassa talossa. Kipa oli heistä järkyttävin ja eli rajuimmin lyhyen elämänsä.

Alakerran uusioperhe koostuu Kipan entisestä aviomiehestä poikineen ja tuhdista, miestä vanhemmasta, pitkätukkaisesta naisesta tyttärineen. Oudolta perhe on minusta koko ajan vaikuttanut ja olen ihmetellyt, miksi mies huutaa ja valittaa asunnossaan niin kovaa, että se kuuluu lattian läpi selvästi. Nyt tajuan, hän on huumevieroituksessa. Pöllyssä varmaan olivat molemmat, kun Kipan kanssa avioituivat. Ihmettelen vain, mitä pahaa olen tehnyt, koska en pääse siitä porukasta eroon. Ensin Kipa oli kiusanani ja nyt hänen poikansa. Kipa oli kauhea tyttö ja kauhea oli hänen kuolemansankin: hän veti rotanmyrkkyä suoraan suoneen.

tiistaina 15. lokakuuta

Syysmasennus iski taas, välillä oli jo vähän valoisempiakin kausia. Nostin tililtäni rahat pojan luokkasormusta varten. Sinne jäi yhdeksän markkaa ja lapsilisätilille neljä markkaa. Viidenkympin tilinylitysmaksu oli jo ehditty ottaa. Olin luullut, että taloudellisesti totaalisen ankeat ajat olisivat takanapäin, koska kaikesta huolimatta, muutaman kuukauden ajan ehti olla hieman helpompaa, mutta vielä mitä! Toivotaan, että koulutustuki tulee torstaina. Toisenlainen tilanne on Maria Pekonilla, joka soitti ja kertoi ostaneensa olohuoneeseensa 30 000 markkaa *(5000 euroa)* maksaneen kaakeliuunin, jota pitäisi tulla ihmettelemään. Hän kertoi myös hankkineensa minulle yhden äänestäjän. Ennakkoäänestys loppuu tänään.

keskiviikkona 16. lokakuuta

Olen yksin kotona. Kohta tulee kakkoselta vaalikeskustelu, jossa on mukana sitoutumattomienkin edustaja. Kurssilla käydään läpi Paradoxia, joka on todella pitkäveteistä, mutta tutun oloista. Masentuneena olen sen laatuinen surkimus kurssilla, että minulle nälvitään päivittäin.

torstaina 17. lokakuuta

Nyt tuli taloudellisesti sekä hyvä että (erittäin) huono uutinen. Opintolainojen korot on maksettu tililleni, mutta toisaalta erorahaston koulutusrahahakemukseni on hylätty. Se olisi ollut 1100 markkaa *(183 euroa)* kuukausittain. Kahden vuoden määräaika oli jo mennyt umpeen. Voi itku. Voi itku! Kursseilla oli tänään helpompi päivä, koska mikrotukihenkilökurssilaiset pitivät esityksiään auditoriossa ja meidän piti seurata niitä. Esitysten välissä oli tunnin mittaisia taukoja. Ehdin käydä tarjoustalossa, jossa tapasin erään kauppaopiston aikaisen tuttavani. Hänellä on neljä lasta ja vakituinen työpaikka vakuutusyhtiössä. Tuskin kukaan muu sen aikainen opiskelutoverini on työttömänä, kuin minä vätys. Kävin väliajalla myös maksamassa laskuja. Yli tuhannen markan laskut jäivät vielä maksamatta.

Täytyi keskeyttää kirjoittaminen ja käydä pelastamassa Onnikissa kylpyammeen alta. Yleensä se pääsee sieltä omin avuin pois, mutta nyt naukui vain tyhmänä. Ehkä toinen hyväkäs, Kunkku, oli sen sinne ajanut. Larissa Pietarista oli jättänyt puhelinvastaajaani viestin englanniksi.

perjantaina 18. lokakuuta

Eiliset mikrotukihenkilöiden esitykset jatkuivat ja jatkuivat, koko päivän. Istuin Sakarin kanssa viimeisellä penkkirivillä ja tunsin sietämätöntä halua tuntea hänen kosketuksensa. Istuimme kylki kyljessä. Tuttavuuteni tuon hulivilin kanssa on edennyt jo melko intiimille asteelle. Pakko on hillitä itsensä, vaikka viihdymme todella hyvin yhdessä. Hänellä on luultavasti samanlainen vaikutus kaikkiin naisiin. Ja hänelle annetaan kaikki anteeksi.

Päivä loppui onneksi puoli tuntia normaalia aikaisemmin. Se oli hyvä, koska ehdin niin muodoin hyvin saattamaan poikaani, joka oli lähdössä viikonloppuleirille. Hänen tavaransa olin pakannut eilen. Bussi kurssikeskukseen lähti kirkon edestä. Ilma oli muuttunut harmaaksi ja sateiseksi, samoissa merkeissä mennee ilmeisesti koko viikonloppu. Pojat olivat kuitenkin innoissaan lähdössä larppaamaan.

Olin tehnyt viikolla jotain täysin omituista, olin näet kutsunut Reiskan saunomaan. Se oli vihjaus hygieniasta huolehtimisesta. Olin kuitenkin ihan hermona, ottaen huomioon, että olemme tunteneet jo kaksi vuotta. Painuimme heti kirkolta tultuani saunaan ja saunominen sujui asiallisissa merkeissä. Olin ostanut omenantuoksuista sampoota, jota Reiska ei suostunut käyttämään. Hän sanoi inhoavansa omenoita jäätyään kakarana kiinni omenavarkaissa. Saunajuomaksi olin ostanut olutta ja Reiska toi kaksi pulloa saksalaista valkoviiniä seurustelujuomaksi. Hänkin tunnusti jännittävänsä, niinkuin ensimmäisillä treffeillään. Kai tajusimme molemmat, että tämä ilta olisi jotenkin käänteentekevä..

Olimme tulleet saunasta pois ja aloittaneet juomien nauttimisen, kun Kissanomistaja soitti. Hän kertoi, että hänen puhelimensa oli siirretty Carlon asuntoon ja voisin soittaa sinne tarvittaessa. Kurssi oli osoittautunut huijareiden pitämäksi, niinkuin olimme vähän pelänneetkin.

158

Brysseliin lähtö oli niin ollen hämärän peitossa. Asioiden pitäisi ratketa ensi viikolla. Kissanaisen jälkeen soitti vielä Sani, joka pyysi minua Tallinnan risteilylle ensi lauantaina. Hän täyttää silloin neljäkymmentä vuotta. Lupasin lähteä mukaan, vaikkei minulla rahaa juuri olekaan, koska olin jättänyt aikaisemmin Tukholman risteilyn väliin.

Vuonna 1996:

- Suomen presidenttinä oli **Martti Ahtisaari**
- Eduskunnan puhemiehenä oli **Riikka Uosukainen** ja pääministerinä **Paavo Lipponen**
-12.10.1996 Suomen markka kytkettiin Euroopan valuuttamekanismiin ERM:iin ja neljä vuotta kestänyt markan kellutus päättyi
-yleinen ja yhtäläinen äänioikeus täytti 90 vuotta Suomessa
-20.10. järjestettiin yhdistetyt kunnallis- ja europarlamenttivaalit

-Työeläkeuudistus astui voimaan:
Eläkeikäisen indeksillä tarkistettiin 65 vuotta täyttäneiden eläkkeet. Kansaneläke muutettiin työeläkevähenteiseksi.

-kaikki Pohjoismaat hyväksyttiin Schengen-sopimukseen
-14.2.1996 Tietokone täytti 50 vuotta. (ENIAC käynnistettiin v. 1946 Pensylvanian yliopistossa)
-26.4. 1996 Tsernobylin ydinonnettomuudesta tuli kuluneeksi 10 vuotta.

Suomi oli liittynyt EU:n jäseneksi 1.1.1995.
(Asiaa koskeva kansanäänestys oli pidetty lokakuussa 1994.)

160